Helm Stierlin

Ich und die anderen

Psychotherapie
in einer sich wandelnden
Gesellschaft

Klett-Cotta

Klett-Cotta
J. G. Cotta'sche Buchhandlung Nachfolger GmbH, gegr. 1659
Stuttgart 1994
Alle Rechte vorbehalten
Fotomechanische Wiedergabe nur mit Genehmigung des Verlags
Printed in Germany
Schutzumschlag: Klett-Cotta-Design
Gesetzt aus der 10 Punkt Bembo von Janß, Pfungstadt
Auf säure- und holzfreiem Werkdruckpapier gedruckt
und gebunden von der Offizin Andersen-Nexö, Leipzig

Die Deutsche Bibliothek – CIP-Einheitsaufnahme
Stierlin, Helm:
Ich und die anderen : Psychotherapie in einer sich wandelnden
Gesellschaft / Helm Stierlin. – Stuttgart : Klett-Cotta, 1994
ISBN 3-608-91631-8

Der Anhang (S. 174–181) wurde mit der freundlichen Genehmigung des Suhrkamp Verlages und der Herausgeber des Bandes
»Das Ende der großen Entwürfe« wiedergegeben.

»Das Unbegreifliche ist doch, daß sich nichts geändert hat, und sich doch Alles geändert hat.«
Ludwig Wittgenstein

Inhalt

Zu diesem Buch

Das Buch entstand aus einer Vorlesungsreihe, deren Thema »Das Individuum im System« war. Es ist als eine Einführung in die systemische Therapie gedacht, die etwas von der Entdeckerfreude, aber auch Verstörung anklingen läßt, die ich immer wieder erlebte, als ich während vier Jahrzehnten meinen Weg von der Psychoanalyse zur Familientherapie und dann zur systemischen Therapie fand. Zugleich wollte ich auf den gesellschaftlichen und ideengeschichtlichen Hintergrund eingehen, der sowohl meine eigene Entwicklung wie die der Psychotherapie überhaupt verständlicher machen kann. Weiter wollte ich darin das Projekt einer Beziehungsdialektik vorantreiben, das mich seit mehr als dreißig Jahren beschäftigt. Und schließlich wollte ich mich dazu einer Sprache bedienen, die auch dem Nichteingeweihten den Zugang zu einer komplexen Materie erleichtert.

Einleitung

Vor einigen Jahren bat man mich, zu den Lindauer Therapiewochen eine klinische Vorlesung zum Thema »Das Individuum im System« beizusteuern. Sie sollte, möglichst anhand eines historischen Überblickes, Studenten und Psychotherapeuten in die systemische Therapie einführen. Das vorliegende Buch entstand aus dieser Vorlesung.

Doch es entstand unter Fragen und Zweifeln. So fragte ich mich: Wozu noch ein Text angesichts der anschwellenden Bücherflut? Ich mußte an den verstorbenen Ronald Laing denken, den ich einmal sagen hörte: »Wer heute noch Bücher schreibt, den sollte man erschießen« – was allerdings weder ihn selbst, noch mich, noch viele andere vom Bücherschreiben abgehalten hat.

Und wenn schon eine Einführung, wie ließ sich darin etwas von dem Erlebnis von Abenteuer und Entdeckung vermitteln, das sich für mich mit der Entwicklung der systemischen Therapie verbindet? Wie ließ sich darin Komplexität reduzieren, ohne den Zugang zu Komplexität zu versperren? Wie ließen sich Theorie und Praxis mit Blick auf deren gesellschaftlichen und ideengeschichtlichen Hintergrund zusammenbringen? Und wie schließlich ließ sich mit einem Thema fertigwerden, das Grundfragen der Psychologie, wenn nicht der Philosophie berührt?

Ich mußte, als ich nach Antworten suchte, an eine Frage denken, die sich Ludwig Wittgenstein stellte, als er sich gegen Ende seines Lebens intensiver mit Psychologie zu beschäftigen begann. Sie lautete: »Wo bleibt die Wissenschaft der seelischen Phänomene? Antwort: Man beobachtet eigene seelische Vorgänge. Wie? Durch Introspektion. Aber wenn man beobachtet, d. h. die eigenen seelischen Vorgänge beobachtet, dann verändert man sie und erzeugt neue. Doch gerade das soll man beim Beobachten unterlassen – wer beobachtet, soll nicht verändern. Die Wissenschaft der seelischen Phänomene gibt also folgendes Rätsel auf: Im strengen Sinne des Wortes kann ich seelische Phänomene anderer nicht beobachten, meine eigenen aber auch nicht. Wo stehen wir also?« Wittgensteins eigene Antwort lautete: »In einem Nebel, in einer heillosen Konfusion«.

Aber Nebel und Konfusion sind kaum weniger zu erwarten, schließt die Beobachtung seelischer Phänomene nicht nur das Individuum, sondern, wie ich es hier versuche, auch das System ein, in dem dieses Individuum lebt und handelt.

Sollte es mir aber gelungen sein, Nebel und Konfusion auf den folgenden Seiten etwas zu mindern, dann verdanke ich das vielen anderen, die mich in den letzten Jahrzehnten immer wieder angeregt, zum Nachdenken gezwungen, in den Worten Humberto Maturanas »verstört« haben. Eine Reihe von Störenfrieden, die mir besonders hilfreich waren, habe ich auf den folgenden Seiten erwähnt, viele andere nicht. Der Löwenanteil hilfreicher Störung ging indessen von den Mitgliedern unseres Heidelberger Teams aus, denen ich während der siebzehn Jahre, in denen ich die Abteilung für Psychoanalytische Grundlagenforschung und Familientherapie an der Universität Heidelberg leitete, zusammenarbeiten durfte: Ingeborg Rücker-Emden-Jonasch, Satuila Stierlin, Michael Wirsching, Barbara Wirsching, Barbara Brink, Bettina Haas, Jörg-Kaspar Roth, Lutz Fröhlich, Florian Hoffmann, Norbert Wetzel, Andrea Ebbecke-Nohlen und in den letzten Jahren vor allem Fritz Simon, Gunthard Weber, Gunther Schmidt, Jochen Schweitzer, Hans-Rudi Fischer und Arnold Retzer. Vieles von dem, was sich in diesem Buch findet, wurde durch sie mitgeprägt, mitgeschaffen, mitgedacht, ohne daß ich dies oft im einzelnen anmerken konnte. Nicht wenige von ihnen schwärmen nun als Störenfriede von Heidelberg in die weitere Psychoszene aus. Dabei begleiten sie mein Dank und meine guten Wünsche.

Besonders danken möchte ich Frau Irmela Köstlin für die stets sorgfältige und angenehme Betreuung.

1. Haltsuche in Haltlosigkeit

Hegels Frage – heute mehr denn je relevant

Am 2. September des Jahres 1813 stellte der Philosoph Georg Friedrich Wilhelm Hegel, damals noch Rektor eines Gymnasiums zu Nürnberg, in einer Rektoratsrede sich und seinen Hörern die Frage: »Wenn Gesetze und Einrichtungen, die den festen Grund und Halt für das Wandelbare ausmachen sollen, selbst wandelbar gemacht werden, woran soll das an und für sich Wandelbare sich halten?« [1]

Hegel, im Jahre 1770 geboren, hatte miterlebt, wie Gesetze und Einrichtungen wandelbar gemacht werden können. Die Ideen der Aufklärung hatten dazu beigetragen. Die Französische Revolution hatte auch in Deutschland für Aufruhr gesorgt und die politische und gesellschaftliche Landschaft verändert.

Dennoch läßt sich die geschichtliche Situation, die damals dem Wandel Vorschub leistete, kaum mit der heutigen vergleichen. Hegel konnte in seiner Rede der obigen Frage noch die beruhigende Feststellung folgen lassen: »Auch allgemeine Einrichtungen sind freilich in einem Fortschreiten begriffen, aber dieses Fortschreiten ist langsam; ein einzelnes Jahr ist hierin unbedeutend; Veränderungen derselben sind durch große seltene Epochen bezeichnet.«

Gerade das aber hätte er heute wohl kaum mehr sagen können. Denn der politische und gesellschaftliche Wandel beschleunigt sich gegenwärtig in einer Weise, die uns schwindlig machen kann, und damit gewinnt auch Hegels obige Frage eine neue Brisanz.

Wir können nun sagen: Solche Brisanz, Ausdruck und Folge eines sich beschleunigenden Wandels, bezeugt sich in verschiedensten Aspekten der Moderne, mehr aber noch der sogenannten Postmoderne.

Von dieser Postmoderne ist seit etwa zwanzig Jahren die Rede. Wir verstehen darunter eine historische Periode, die aus der Moderne hervorgeht und sich davon doch – wie auch immer – abgrenzen läßt. Die Moderne war bereits durch einen raschen technischen, sozialen wie auch Bewußtseinswandel gekennzeichnet. Die Postmoderne ist es noch mehr. Es ist die Periode, die wir, insbesondere als Bewohner der westlichen Welt, derzeit erleben und mitgestalten. Und es ist die Periode, die wie keine andere die Grundlagen dessen und Anschauungen über das, was wir Psychotherapie nennen, verändert hat. Denn auch die Gesetze und Einrichtungen, die den festen Grund und Halt für psychotherapeutische Theorie und Praxis abgeben sollten, zeigen sich nunmehr einem sich weiter beschleunigenden Wandel unterworfen. Sie zeigen sich, wie alle Formen des Lebens, ja des Kosmos überhaupt, mehr denn je in einem Fluß, zeigen sich als Momente der Evolution.

Der Fluß der (biologischen wie kulturellen) Evolution – seine Ursprünge, seine Entwicklung, die Richtungen, die er nahm und noch nehmen wird – stellt unser Begreifen vor die wohl größte Herausforderung. Aber nicht nur unser Begreifen. Wir müssen uns fragen: Wie wirkt sich eine Evolutionsperspektive auf unsere Lebensführung und eben nicht zuletzt auf unsere psychotherapeutische Praxis aus? Denn sie läßt jeden Halt – suchen wir diesen nun in so oder so begründeten Normen, in Naturgesetzen, in den Lehren von Meistern, einem Glauben, einem uns vorgegebenen Lebenssinn – entwicklungs- und beschreibungsgeprägt und damit wandelbar, begrenzt gültig und hinterfragbar erscheinen. Nicht zuletzt Nietzsche brachte uns diese sich aus dem Evolutionsgedanken ergebende Konsequenz nahe und wurde damit zum mächtigen Haltzertrümmerer (obschon er mit seiner Idee von der ewigen Wiederkehr des Gleichen wieder eine Art Halt aufscheinen ließ).

Je mehr aber, was Halt gab, in Trümmern liegt, um so mehr sehen wir uns herausgefordert, unseren Halt in Haltlosigkeit zu finden oder zu errichten – so etwa den Halt, den menschengeschaffene Regeln und Gesetze gewähren, die Voraussagbarkeit und Berechenbarkeit ermöglichen, so den Halt, der aus verläßlichen, vertrauenstiftenden und eben haltbar gemachten und haltbar machenden Beziehungen erwachsen kann. Und so auch der Halt, den, wenn überhaupt, Psychotherapie zu geben vermag.

Wie und wo immer wir auch Halt in Haltlosigkeit suchen oder errichten mögen, wir finden uns auf Sprache verwiesen. Sprache ist das (Halt und Festigkeit verbürgende) Haus des Seins, ließe sich mit Heidegger sagen. Aber sie ist, so zeigt ein Blick auf die Evolution der Sprachkulturen, eher einem Hausboot vergleichbar, das, während es fährt, in ständigem Umbau begriffen, dabei den wechselnden Kräften und Fährnissen des Meeres und der Witterung ausgesetzt ist und um seinen künftigen Kurs oder gar Bestimmungshafen nicht weiß.

Man kann auch sagen: Sprache lebt und entwickelt sich in einem Kräftefeld, worin individuelle Haltsuche und -konstruktion und kollektives Haltangebot einander ständig begegnen, sich ständig wandeln, ständig Konflikte erzeugen und ständig nach Lösungen verlangen.

Was für Sprache im allgemeinen gilt, das gilt auch für die (mehr oder weniger) wissenschaftlichen Beschreibungen und Erkenntnismodelle. Und dazu rechnen nicht zuletzt die Beschreibungen und Modelle, die psychotherapeutisches Handeln anleiten. Auch darin spiegeln sich Konfliktlösungen und Kompromisse zwischen individueller Haltsuche und Haltkonstruktion einerseits und den haltversprechendenn Erklärungsangeboten eines jeweils für maßgeblich gehaltenen einzelnen oder Kollektivs andererseits.

Anforderungen an eine dialektische Beschreibung

Welche Art Beschreibung könnte sich eignen, um das sich ständig verändernde Kräftespiel und Lösungsverlangen zwischen individueller Haltsuche und kollektivem Haltangebot zu erfassen? Und welche Art Beschreibung könnte sich gerade für ein postmodernes Verständnis von Psychotherapie eignen?

Ich meine, dies müßte eine Beschreibung sein, die Gegensätze in den Blick bringt, aber auch relativiert, die, um wieder mit Hegel zu reden, den Begriff flüssig macht, die unterschiedliche, aber sich ergänzende Perspektiven eröffnet, die ein Werden im Vergehen und ein Vergehen im Werden erlebbar werden läßt und dabei immer wieder einen Bezug zur Praxis herstellt.

Solche Beschreibung wird nicht zuletzt durch das nahegelegt, was Familien- und Paartherapeuten tagtäglich erfahren: Zeigt sich hier etwa ein Partner eher passiv, dann zeigt sich der oder die andere um so aktiver, zeigt sich der oder die eine unverantwortlich, dann zeigt sich der oder die andere überverantwortlich usw. Solange die Beziehung lebendig bleibt, erzeugen sich darin Gegensätze und balancieren diese sich wieder aus, treibt sich darin ein Geschehen voran, das man Beziehungsdialektik nennen könnte und dessen Darstellung nun auch eine dialektisch zu nennende Beschreibung erfordert.

Ich würde auch gern die für diese Schrift gewählte Darstellung dialektisch nennen. Aber ich zögere: Denn das Wort Dialektik ist belastet. Im Altgriechischen bezeichnete es die Kunst der Gesprächsführung. Aber solche Kunst erwies sich schon in ihren Anfängen als problematisch. Sie wurde angewendet, um Widersprüche wegzuargumentieren, eine schlechte Sache zu einer guten zu machen, Konflikte zu vertuschen. So sprach noch Kant von der Dialektik als einer »Logik des Scheines«, die, ohne die Erfahrung zu berücksichtigen, durch bloßes In-Beziehung-Setzen von Begriffen zu Erkenntnissen zu gelangen suchte. Und auch Hegel und Marx, von denen jeder auf seine und doch einander verwandte Weise die dialektische Methode zu (vorläufiger) Vollendung brachte, offenbaren aus heutiger Sicht eher deren Risiken und Grenzen als deren Vorzüge. Sie lieferten uns große, totalisierende, aber im Lichte neuerer Erfahrungen unhaltbare Entwürfe. Denn diese totalisierenden Entwürfe stellten nicht in Rechnung, daß die Evolution zwar auf Vorhandenem aufbaut, dabei aber offen ist, daß sie nicht notwendigerweise einen (wie auch immer zu verstehenden) Fortschritt hervorbringt, daß sich darin schwerlich ein übergreifendes Ziel ausmachen läßt und daß es darin zahllose Sackgassen gab und (voraussichtlich) geben wird. Schätzungsweise 90 Prozent aller bisherigen Lebensformen auf unserem Planeten, so dürfen wir uns erinnern, überlebten nicht. Und auch das Überleben des Homo sapiens scheint weniger denn je gesichert.

Eine dialektische Beschreibung läßt sich indessen nicht nur wegen ihrer totalisierenden Tendenzen, wie diese etwa bei Hegel und Marx anklingen, kritisieren. Dialektik wird oft dahingehend verstanden, daß unvereinbare Positionen zwangsläufig aufeinanderprallen und sich dann in einer dritten Position aufheben, d. h. sich in Hegelschen Sinne sowohl bewahren als auch negieren. Das aber würde evolutive Prozesse, wie sie die heutigen Naturwissenschaften nahelegen, nur unvollkommen beschreiben. Hier läßt sich oft eher von Systembrüchen, von Emergenzen, von Fulguration oder (mit Prigogine[2]) von dissipativen Strukturen sprechen, bei denen es zu einem »Kippen labiler Systeme« und damit zum Entstehen qualitativ andersartiger und komplexerer Systeme kommen kann.

Auch im Lichte moderner Konfliktforschung erscheint eine dialektische Beschreibung problematisch, insofern sie einen unausweichlichen Kampf widerstreitender Parteien oder Interessen nahelegt. Wie etwa Edward de Bono[3] darlegt, kommt es bei einer so verstandenen Dialektik zu einer Polarisierung der gegensätzlichen Positionen. Es kommt auch möglicherweise zu einem Aushandeln und zu einer Suche nach Kompromissen. Aber es ergibt sich daraus nichts grundsätzlich Neues, keine »Emergenz«, keine wirkliche kreative Lösung, kein evolutiver Sprung. Damit es dazu kommen kann, bedarf es de Bono zufolge hier eher eines entwerfenden, kooperativen Miteinanders als eines kämpferischen (wenn auch kompromißbereiten) »dialektischen« Gegeneinanders.

Und schließlich ließe sich kritisch anmerken: Als Beschreiber bleibe ich selbst Betroffener wie auch Gestalter des beschriebenen Geschehens, bleibe ich jemand, der, während er etwas beschreibt, etwas von etwas unterscheidet, etwas auswählt und damit etwas anderes ausblendet. Als Beschreiber bleibe ich selbst in der Subjekt-Objekt-Spaltung gefangen. Auch wenn mich der philosophische Impuls drängt, mittels meiner Beschreibung auf das Ganze zu gehen, das Ganze zu erfassen, entzieht sich mir das Ganze, das mich als Beschreiber einbeziehen müßte, doch jeden Augenblick.

Und dennoch drängt uns ein Impuls (nennen wir ihn nun philosophisch oder nicht), unseren Standort und unsere Handlungsmöglichkeiten und -grenzen – und nicht zuletzt unseren psychotherapeutischen Standpunkt und unsere psychotherapeutischen Handlungsmöglichkeiten und -grenzen – innerhalb einer sich wandelnden Welt zu bestimmen. Und die Beschreibung, die ich, solchem Impuls folgend, in dieser Schrift ins Spiel bringen möchte, scheint mir noch am ehesten die Bezeichnung »dialektisch« zu verdienen – trotz und vielleicht gerade wegen der angedeuteten Einwände und Bedenken.

Anmerkungen

1 Löwith, K./Riedel, M. (1968): Hegel. Gymnasialreden, Aufsätze, Rezensionen. Frankfurt (Fischer Bücherei). Band I.
2 Prigogine, I. (1985): Vom Sein zum Werden. Zeit und Komplexität in den Naturwissenschaften. München (Piper).
3 Bono de, E. (1985): Konflikte/Neue Lösungsmodelle und Strategien. Düsseldorf, Wien, New York (Econ), 1987.

2. Individualisierung der Haltsuche

Folgen der Entdeckung des Kopernikus

In geschichtlichen Prozessen lassen sich Anfänge nur mehr oder weniger willkürlich setzen. Indessen sprechen gute Gründe dafür, die Moderne mit der Entdeckung des Kopernikus, derzufolge die Erde um die Sonne kreist, beginnen zu lassen. Denn mit dieser Entdeckung erhielt die Haltsuche westlicher Menschen eine neue Qualität und Richtung. Es änderte sich – sei dies früher, sei dies später – nun gleichsam alles: Die Erde befand sich nicht mehr im Mittelpunkt der Welt, und damit waren auch alle Lehren der Kirche in Frage gestellt, die von solchem Mittelpunkt und, damit einhergehend, von der zentralen Stellung des Menschen als des darin höchsten Geschöpfes ausgingen. In Frage gestellt waren nun aber auch Vorstellungen von der Gottgewolltheit und Gottgegebenheit bestehender Hierarchien – seien dies die Hierarchien der Priester und Päpste, seien dies die der Könige und Fürsten von Gottes Gnaden, seien dies die der sich patriarchalisch gebärdenden Familienväter. Und in Frage gestellt wurden nun auch (früher oder später) die Glaubenswahrheiten und Offenbarungen, die, entweder implizit oder explizit, von der Vorstellung einer gottgegebenen Ordnung der Welt ausgingen. Die Frage nach der Evolution des Lebens und des Kosmos stellte sich nahezu zwangsläufig, und die gefundenen Antworten trugen ihrerseits dazu bei, solche Ordnungsvorstellungen in Frage zu stellen. Das sinn- und haltsuchende Individuum befreite sich von dem bis dahin allgegenwärtigen Blick Gottes, dem kein Wunsch oder Gedanke zu entgehen vermochte, und fand sich wieder und wieder auf sich selbst zurückgeworfen. Es läßt sich von einer Individualisierung der Sinn- und Haltsuche westlicher Menschen sprechen. Das heißt: Vorstellungen über menschliche Rechte und Pflichten, über Wert und Unwert von Ereignissen, Taten und Verhältnissen erwiesen sich (früher oder später) als Menschenwerk.

Zugleich zeigte sich: Diese Vorstellungen kommen nicht von ungefähr. Sie tragen den Stempel unserer Erkenntnis- und Darstellungswerkzeuge, bleiben an das gebunden, was uns unsere Biologie, Kultur und die dadurch geformte Sprache vorgeben. Verständlich daher, daß sich Wissenschaftler nicht nur, wie es Kopernikus tat, um die Erforschung des Kosmos und seiner Gesetze bemühten, sondern daß sie nun (auch und besonders) Biologie, Kultur und Sprache zu ihren Gegenständen machten.

Zum Unbehagen in der Postmoderne

Man könnte nun vielleicht sagen: In der Moderne leitet wissenschaftliche Forschung noch überwiegend die Erwartung, solche Forschung verbessere die Lebensbedingungen und sie lasse uns Lebenshalt, wenn nicht gar Lebenssinn finden. In der Postmoderne regen sich dagegen mehr und mehr Zweifel an dieser Erwartung.

So bezeugen sich in den Wissenschaften, insbesondere aber in den Naturwissenschaften, die während der zweiten Hälfte des letzten und der ersten Hälfte dieses Jahrhunderts ihren Aufschwung nahmen, noch überwiegend Entdeckeroptimismus und Fortschrittsglaube. Nicht zuletzt die wissenschaftliche Medizin schien dies zu rechtfertigen. Indem sie Krankheitserreger identifizierte und bekämpfte, lebensverlängernde Techniken vervollkommnete, Hygiene weltweit förderte, trug nicht zuletzt sie dazu bei, daß sich die Weltbevölkerung rapide vermehrte und noch vermehrt. Aber die ökologischen Folgen solcher Vermehrung wie auch vieler anderer wissenschaftlicher Errungenschaften verdüstern inzwischen das postmoderne Bewußtsein. Ihm zeigt sich das, was noch bis vor kurzem unbefragt als Erfolg galt und zum Teil noch gilt, eher als Meilenstein auf dem Weg in die Katastrophe.

Aber nicht nur die Erfolge der Wissenschaft erscheinen immer fraglicher. Auch deren wachsende Differenzierung und Spezialisierung, einhergehend mit einer Differenzierung und Spezialisierung der Erfahrungswelten, der verwendeten Modelle und Fachsprachen verursachen zunehmend Unbehagen. In den nächsten 15 Jahren wird, so ließ sich kürzlich der Rektor der Heidelberger Universität vernehmen, mehr Forschung getrieben werden als in der gesamten bisherigen abendländischen Geschichte seit Thales und Platon. Die entsprechend anschwellende Informationsflut, aber auch Informationsveraltung lassen zwar wissenschaftliche Zeitschriften und Fachkongresse fast exponentiell anwachsen, aber führen nicht notwendigerweise zu mehr interdisziplinärer Verständigung und Kooperation. Ich erinnere mich etwa an ein interdisziplinäres Symposium über Krebsentstehung und -therapie, das Grundlagenforscher und Kliniker aus verschiedenen Theorie- und Praxisbereichen zusammenführte. Selbst hier, wo es um ähnliche Probleme und Anliegen ging, klafften die Erfahrungs- und Sprachwelten auseinander. Die Symposiumsteilnehmer sahen sich immer wieder gefordert, ihre Fachsprachen und Modelle in die allen gemeinsame Umgangssprache rückzuübersetzen, was aber das Problem der individualisierten Erfahrungswelten und Perspektivenvielfalt kaum löste.

Immerhin lassen sich, was postmoderne Perspektivenvielfalt, wenn nicht postmodernen Perspektivenwirrwar anbelangt, Unterschiede zwischen Natur- und Geisteswissenschaften beobachten. Bei den Naturwissenschaften herrscht diesbezüglich noch so etwas wie Methode. Sicher eröffneten sich auch hier zunehmend neue Perspektiven und, damit einhergehend, Methodenvielfalt, Unbestimmtheit und Unbestimmbarkeit in nicht wenigen Bereichen, so daß sich auch hier von einer postmodernen Bewußtseinslage reden läßt. So lassen sich Vorannahmen und Daten der Einsteinschen Relativitätstheorie und der Quantenphysik vorerst nicht miteinander in Einklang bringen. Ähnlich widersprüchlich zeigen sich Vorannahmen und Daten heutiger Astrophysiker über die Struktur, den Ursprung und die Entwicklungstendenzen des Universums. Auch mit der Chaostheorie eröffnete sich Naturwissenschaftlern ein weiteres Szenarium von Unwägbarkeit und Unvoraussagbarkeit. »Turbulenz, Unregelmäßigkeit und Unvorhersagbarkeit sind überall«, heißt es etwa bei Briggs und Peat.[1] Und je mehr Naturwissenschaftler sich schließlich der Erforschung des Lebendigen oder vielleicht genauer: lebendiger Systeme zuwandten, um so mehr schienen sich auch hier Erkenntnismodelle aufzudrängen, die sich in ihrer Vielfalt nur schwer, wenn überhaupt, miteinander in Einklang bringen ließen.

Und dennoch: Die Vielfalt und (scheinbare oder wirkliche) Unvereinbarkeit der Perspektiven und Modelle, denen wir in den Naturwissenschaften begegnen, zeigt sich uns gering im Vergleich zu dem, was uns die Geisteswissenschaften (in die ich hier die psychologischen und sozialen Wissenschaften einschließe) bescheren. Denn darin scheinen nun den Möglichkeiten, innerhalb unterschiedlicher Perspektiven Daten sinnstiftend zu ordnen, kaum mehr Grenzen gesetzt. Anders ausgedrückt: Ein Grundkonsens, der bestimmte wissenschaftliche Paradigmata und Modelle stützen könnte, scheint sich gerade hier immer schneller aufzulösen. Die Aussagen maßgeblicher Wissenschaftler und Meinungsbildner scheinen daher immer mehr von unterschiedlich begründeten, und letztlich oft beliebig anmutenden Standpunkten und Perspektiven abzuhängen. Und nicht weniger tun dies die der Kritiker. In den Worten, die Paul Feyerabend, einem Apostel der Postmoderne, zugeschrieben werden: »Anything goes«. Man könnte dies als das Credo des postmodernen Bewußtseins, wenn schon nicht in den Naturwissenschaften, so doch in den Geisteswissenschaften, einschließlich der psychologischen und sozialen Wissenschaften, bezeichnen.

Postmoderne Perspektivenvielfalt auch in der Psychotherapie

Von einer psychotherapeutischen Postmoderne läßt sich, wenn ich dies richtig sehe, seit ungefähr zehn Jahren sprechen, dies vielleicht derzeit noch mehr in Australien als in Amerika und Europa. Besonders der in Adelaide wirkende australische Therapeut Michael White – er wurde inzwischen weltweit und auch in Deutschland bekannt – trug dazu bei, die Vorstellung einer Postmoderne auf Psychotherapie zu beziehen.

Wie dem auch sei, eine dem postmodernen Trend folgende zunehmende Vielfalt und Unübersichtlichkeit der therapeutischen Schulen und Ansätze, die um Klienten, öffentliche und behördliche Anerkennung wie auch Versicherungsgelder konkurrieren, kennzeichnet heute die Psychoszene. Im deutschsprachigen Bereich geht man derzeit von 300–400 solcher psychotherapeutischer Schulen bzw. Ansätze aus. In den USA meinte schon vor Jahren ein findiger Journalist, bei Einbeziehung aller Untergruppen an die 2000 solcher Schulen identifizieren zu können. Dazu rechnen neben den etablierten Schulen wie Psychoanalyse, Verhaltens- und Gesprächstherapie auch eher exotisch anmutende Gewächse wie Nirwana-Therapie, Öko-Therapie, bioexistentielle Therapie und was auch immer. Viele Ansätze ähneln sich, andere unterscheiden sich stark voneinander. Die Unterschiede betreffen sowohl die Vorgehensweisen (z. B. im Hinblick auf die erlaubte oder für notwendig gehaltene körperliche Berührung von Patienten) als auch die für angemessen erachtete Dauer der Therapie und Zahl der Sitzungen. Das Spektrum reicht hier von der von Moshe Talmon[2] propagierten Ein-Sitzungs-Therapie (single session therapy) bis zu mehrere tausend Sitzungen umspannenden Therapien, wie sie noch heute von einzelnen Jungianern für angemessen gehalten werden – und dies bei in vielen Fällen ähnlich schweren (oder leichten) Symptombildern. So zeigen sich viele der von Kurztherapeuten wie Steve de Shazer[3], Michael White[4], Brian Cade und William O'Hanlon[5] in vergleichsweise wenigen Sitzungen behandelten Klienten kaum weniger gestört als viele der Patienten, für die nach den Vorstellungen etwa der DPV, der Deutschen Psychoanalytischen Vereinigung, eine mehrjährige hochfrequente Psychoanalyse erforderlich ist.

In der angedeuteten Vielzahl und Unterschiedlichkeit der psychotherapeutischen Ansätze spiegelt sich nicht nur postmoderne Perspektivenvielfalt. Es spiegelt sich darin kaum weniger die Vielfalt der von Epoche zu Epoche und von Kultur zu Kultur variierenden Kräfte, die solche Vielfalt ermöglichen aber auch wieder einschränken.

Zu diesen Kräften rechnet etwa das wissenschaftliche Begriffs- bzw. Ideensystem, das der Zeitgeist anbietet, um seelische und soziale Prozesse zu erfassen. Zur Zeit Freuds etwa lieferten die voreinsteinsche Physik, insbesondere die Mechanik, Konzepte und Modelle, um Seelisches zu erklären. Begriffe wie Besetzung, Verdrängung, Widerstand, Reaktionsbildung oder Sublimation zeigen sich der damaligen Physik und Chemie verpflichtet. Heute liefern dagegen, wie wir noch sehen werden, nicht zuletzt Systemtheorie und Kybernetik Modelle, um psychische und psycho-soziale Prozesse zu erfassen.

Auch wissenschaftliche – oder vielleicht richtiger: für wissenschaftlich gehaltene – Modelle und Ideensysteme basieren (mehr oder weniger) auf Grundannahmen, die eben Annahmen und als solche nicht rational begründet sind. So spricht etwa Edgar Morin[6] vom irrationalen Kern auch wissenschaftlicher (oder für wissenschaftlich gehaltener) Ideen. Solche Grundannahmen vermitteln sich häufig in bestimmten Metaphern, Analogien oder Bildern, die Komplexität reduzieren und eine bestimmte Art von Kausalität implizieren. Zu solchen Metaphern gehört etwa die Tiefe. Auf psychisches Geschehen angewandt bedeutet sie: Je tiefer etwas – ein Ereignis, ein Trauma, eine Idee – lagert, um so größer dessen verhaltens-, ja schicksalsprägende Kraft, um so schwieriger aber auch seine Bearbeitung oder gar Beseitigung. Solche »Tiefensicht« kennzeichnet etwa das sogenannte archäologische Modell der Psychoanalyse. Es vermittelt sich auch in dem Begriff »Tiefenpsychologie«. Ein solcher Begriff legt nahe, auch Psychotherapie sei eine Art Tiefengrabung oder Tiefenauslotung, erfordere eine Aktivierung von Übertragung und Gegenübertragung im Rahmen eines langen psychoanalytischen Prozesses. Von daher begründet sich wiederum der lange Arbeits- und Zeitaufwand, den Vertreter bestimmter psychotherapeutischer Schulen für notwendig erachten.

Aber ob und wie nun bestimmte Ideen, ob sie sich wissenschaftlich geben oder nicht, sich in gesellschaftlich anerkannte psychotherapeutische Praxis umzusetzen vermögen, hängt nicht zuletzt auch von verschiedensten politischen, wirtschaftlichen und sozialen Faktoren ab. Im heutigen China und vielen Ländern des ehemals kommunistischen Ostblocks verhinderten bislang die offizielle Ideologie und die sich daran ausrichtenden gesellschaftlichen Strukturen eine psychoanalytische Praxis, wie sie sich in demokratischen westlichen Ländern zu entwickeln vermochte. In Italien dagegen gaben die von Basaglia im Psychiatriebereich

24

initiierten politischen Reformen der (wenn auch nicht notwendigerweise psychoanalytischen) Psychotherapie einen enormen Auftrieb.

Innerhalb der einzelnen westlichen Gesellschaften zeigen sich folglich unterschiedliche Entwicklungen und entsprechend unterschiedlich bedingte und gewachsene Strukturen, die jeweils dem einen oder anderen psychotherapeutischen Ansatz unterschiedlichen Auftrieb und Entfaltungsraum verschaffen. Das zeigt nicht zuletzt ein Blick auf die Entwicklung der Psychoszene sowohl in den USA als auch im deutschsprachigen Bereich.

Zur Entwicklung der Psychotherapie in den USA

In den USA bahnte sich vieles von dem an, was auch in Deutschland bestimmend wurde und möglicherweise noch wird.

Hier dürfen wir den Beginn der psychotherapeutischen Moderne in die dreißiger und vierziger Jahre unseres Jahrhunderts verlegen. Damals begann dort die Blüte der dynamischen Psychiatrie. Deren Vorreiter waren Persönlichkeiten wie der in Washington und Baltimore wirkende Psychiater Harry Stack Sullivan und der aus der Schweiz stammende, später an der Johns Hopkins Universität lehrende Adolf Meyer. Geprägt wurde diese Psychiatrie wesentlich durch den Zustrom deutschsprachiger und ganz überwiegend psychoanalytisch orientierter Emigranten, die vor Hitler in die USA flohen. Sie begründeten dort den Siegeszug der Psychoanalyse. Die Liste ihrer Namen ist lang: Erik Erikson, Robert Waelder, Otto Fenichel, Kurt Eissler, Heinz Hartmann, David Rapaport, Paul Federn, Peter Blos, Bruno Bettelheim, Frieda Fromm-Reichmann, Wilhelm Reich, René Spitz, Karen Horney, Felix Deutsch, Heinz Kohut, Otto Kernberg, Edith Weigert neben vielen anderen. Als ich selbst 1955 als junger psychiatrischer Assistenzarzt meine Arbeit in den USA aufnahm, riet mir mein damaliger Mentor Lewis B. Hill, ich solle, wollte ich ein prominenter amerikanischer Psychoanalytiker werden, auf jeden Fall meinen deutschen Akzent behalten. (Das habe ich auch getan, aber weniger aus Wollen als aus Unvermögen).

Aber auch von England strahlte mächtig psychoanalytischer Geist, wenn auch schon durch Richtungskämpfe geprägt, zu den USA hinüber. So wurden in den fünfziger Jahren etwa Anna Freud, Melanie Klein, W. R. D. Fairbairn, Donald Winnicott und Michael Balint auch in Amerika heftig diskutiert und zitiert. In diesen fünfziger und auch noch sechziger Jahren waren die Leiter der psychiatrischen Abteilungen der prestigeträchtigen östlichen US-amerikanischen Universitäten (wie z. B. Harvard und Yale) überwiegend Psychoanalytiker. Zwölf Prozent aller US-amerikanischen Medizinstudenten wollten Psychiater, und das hieß nun: dynamisch und psychoanalytisch orientierte Psychiater werden. Psychiatrische Kompetenz zu besitzen bedeutete, ein psychoanalytisch inspirierter Experte für komplizierte seelische Zustände und zwischenmenschliche Prozesse zu sein. Obschon nur Mediziner für eine psychoanalytische Ausbildung zugelassen waren, war der Andrang zu den einschlägigen Ausbildungsinstituten groß. Nur ein Bruchteil der Bewerber wurde nach eingehender Prüfung zur Ausbildung angenommen.

Aber dann kam es innerhalb weniger Jahrzehnte – etwa zusammenfallend mit dem Einsetzen der Postmoderne – in der amerikanischen psychiatrischen und psychotherapeutischen Szene zu einschneidenden Veränderungen. Mehrere, sich gegenseitig anstoßende Entwicklungen trugen dazu bei:

Spärlicher fließende Versicherungs- und Patientengelder entzogen vielen Langzeitpsychoanalysen die finanzielle Basis. Vielerorts durften nur noch Lehranalytiker mit einem sicheren Einkommen aus psychoanalytischer Praxis rechnen. Die amerikanische psychoanalytische Gesellschaft mußte einen mehrere hunderttausend Dollar verschlingenden Prozeß gegen Psychologen führen, die sich den Zugang zur psychoanalytischen Ausbildung zwar schließlich erzwangen, aber dadurch möglicherweise nur einen Pyrrhussieg errangen. Denn es zeigte sich: Gerade in der Psychiatrie vermochte die Psychoanalyse die anfänglich hochgeschraubten Erwartungen nicht zu erfüllen. Die Langzeitresultate der psychoanalytisch inspirierten Behandlung von Psychotikern waren insgesamt enttäuschend. Das Image der Psychoanalyse litt weiter unter den Binnenkämpfen, die sich verschiedene psychoanalytische Institute lieferten. Dazu erschienen mehr und mehr Berichte von enttäuschten Analysanden, so zuletzt die von Jeffrey Masson. [7] Ursprünglich von Kurt Eissler zum Hüter des Freud-Archivs bestellt, wandte sich dieser Autor und Freud-Forscher schließlich gegen seine Förderer und Lehrer und zeichnete die etablierte amerikanische Psychoanalyse als einen Augiasstall von Korruption und Machtgier.

Insgesamt vollzog sich in der Psychiatrie eine Wende zu biologischen Ansätzen und Verfahren hin. Dazu trugen nicht wenig neue Techniken, insbesondere bildgebende Verfahren wie Positronen-Emissions-Tomographie (PET) und Magnet-Resonanz-Tomographie (MRT) sowie immer spezialisiertere Erkenntnisse über Hirnmetabolismus, Wirkungsmechanismen der Psychopharmaka und über Neurotransmitterfunktionen bei. Bemühungen um Klassifizierung und Diagnostik gewannen Auftrieb. Die Diagnoseleitfäden der Amerikanischen Psychiatrischen Gesellschaft, die eine operationalisierte Diagnostik anstreben, wurden umfangreicher und detaillierter. Derzeit ist DSM-IV in Bearbeitung. Trotzdem oder deswegen: Der Anteil der Medizinstudenten, die sich für eine psychiatrische Laufbahn entschieden, ging auf nur 5 Prozent zurück. Und diese 5 Prozent verschrieben sich nun auch großenteils einer biologisch orientierten Psychiatrie. Eine Anfang Juli 1992 veröffentlichte Titelgeschichte des *Time Magazine* beschrieb die genannte Entwicklung – weg von einer psychodynamischen und hin zu einer biologisch orientierten Psychiatrie. Sie kündete Durchbrüche bei der Behandlung der schizophrenen Psychosen an – diese beanspruchen derzeit in den USA etwa jedes vierte Krankenhausbett. Und solche Durchbrüche würden nach Darstellung im *Time Magazine* ausschließlich auf das Konto einer neurobiologischen und psychopharmakologischen Forschung gehen.

Außerhalb der Psychiatrie erblühten und vermehrten sich indessen die psychotherapeutischen Schulen rapide. Psychologen, Sozialarbeiter, Pastoralberater (pastoral counsellors) und Mitglieder anderer helfender Berufe suchten ihre Heimat in der humanistischen Psychologie, der Verhaltenstherapie, Gestalttherapie, Gesprächstherapie, Transaktionsanalyse, rational-emotiven Therapie und vielen anderen Schulen, bei denen es immer wieder zu Abspaltungen, Neugründungen und Spezialisierungen kam – mit fließenden Übergängen zu esoterischen Gruppen und eher religiös orientierten Sekten.

Diese Entwicklung zeigt sich nicht zuletzt auch durch Problembereiche wie AIDS, Inzest, Gewalttätigkeit, Drogenabhängigkeit und Eßstörungen geprägt, die zunehmend öffentliches, politisches und damit auch therapeutisches Interesse beanspruchten. So erklärt sich auch, daß in den USA ein immer größerer Anteil des gesamten Gesundheitsbudgets dem psychiatrischen und psychotherapeutischen Bereich zukam. Inzwischen fließen etwa 30 Prozent des Budgets diesem Bereich zu. Und hierin weisen wiederum Bereiche wie die AIDS- und Suchtberatung die größten Zuwachsraten auf. [8]

Zur Entwicklung der Psychotherapie in Deutschland

In der Bundesrepublik – und seit etwa drei Jahren auch im vereinigten Deutschland – kam es im Gegensatz zu den USA kaum jemals zu einer erwähnenswerten Übernahme psychodynamischer oder gar psychoanalytischer Konzepte in die psychiatrische Ausbildung und Praxis. Dagegen siedelten sich Psychotherapie und Psychoanalyse in der Psychosomatik an, die etwa seit den sechziger Jahren an allen deutschen medizinischen Fakultäten mit Lehrstühlen und/oder Abteilungen vertreten ist. Das begründete die bis heute bestehende Vormacht der Psychoanalyse im Neurosen- und psychosomatischen Bereich, während Psychosen und schwere Verhaltensstörungen weitgehend eine Domäne der Psychiatrie blieben. Der mit diesen Störungen befaßte Psychiater verstand sich aber weniger als Experte für komplizierte menschliche Beziehungen oder seelische Prozesse denn als biologisch orientierter Arzt. (Im Gegensatz etwa zu den skandinavischen Ländern wurde bislang von deutschen Psychiatern kein Nachweis über eine erfolgreich absolvierte psychotherapeutische Ausbildung, gleich welcher Art, verlangt.)

Auch in Deutschland konzentrierte sich das öffentliche politische und damit auch therapeutische Interesse zunehmend auf Problembereiche wie Inzest, Gewalttätigkeit, Drogen- und Alkoholabhängigkeit, Eßstörungen, AIDS und die psychischen Probleme alternder Menschen. Das forderte und fordert auch hier zum Umdenken, zum Experimentieren mit neuen Modellen und Ansätzen und neuen Formen der interdisziplinären Kooperation heraus. Aber solche Herausforderung bleibt oft nicht mehr als das: Nicht wenige Leitfiguren von psychotherapeutischen Schulen und Institutionen vermögen sich – zumindest kurz- und mittelfristig – Veränderungen zu widersetzen, auch wenn diese fällig erscheinen mögen. Es kommt zu operationalen Schließungen, wie Niklas Luhmann[9] sie beschreibt: Man sichert sich im Gehäuse der eigenen Institution ab, bestätigt durch selektive Wahrnehmung immer wieder die eigenen Grundannahmen, Leitunterscheidungen und den sich daraus ergebenden therapeutischen Ansatz, sammelt um sich eine abhängige Schülerschaft, die diesen Ansatz praktiziert und verklärt und sich ebenfalls gegen störende Trends, Daten und Argumente abschottet. Derartige operationale Schließungen kennzeichnen nicht zuletzt unser Universitätssystem, in dem ein Lehrstuhlinhaber solche Abschottung über 20 oder mehr Jahre seiner Amtszeit relativ leicht auszusitzen vermag. So erklärt sich – unter anderem – der Fortbestand von Ausbildungs- und Praxisstrukturen auch dort, wo die vergleichende Psychotherapieforschung sie in Frage stellt. So vermag etwa Klaus Grawe, der im deutschen Sprachbereich durch Unabhängigkeit und Sorgfalt seiner Studien wohl am besten ausgewiesene Psychotherapieforscher, im Hinblick auf die Situation der Psychosomatik in Deutschland zu schreiben: »Die mit der ganz überwiegend psychoanalytischen Ausrichtung des medizinischen Faches ›Psychosomatik/Psychotherapie‹ historisch gewachsenen Strukturen scheinen nach der gegenwärtigen Befundlage jedenfalls alles andere als optimal für die Versorgung psychosomatischer Patienten zu sein.«[10]

Wir sehen also: Auch postmoderne Methoden- und Ansatzvielfalt verhelfen, wenn den Kräften des Marktes überlassen, nicht notwendigerweise dem nützlichsten und/oder effektivsten Ansatz zum Erfolg.

Doch auch die Kriterien für Nützlichkeit und Erfolg beginnen nun in der psychotherapeutischen Postmoderne mehr und mehr zu schillern. Auch diese Kriterien unterliegen zunehmend einem Individualisierungsprozeß, sich bekundend in einer Individualisierung der Therapieziele und Therapiebewertungen sowohl auf seiten der Therapeuten als auch der Klienten. So kann ein sich nach wenigen Sitzungen einstellender Symptomschwund für den einen (Therapeuten oder Klienten) erfolgreiche Heilung, für den anderen (Therapeuten oder Klienten) nur eine »Flucht in die Gesundheit« bedeuten, die tiefere Probleme unbearbeitet läßt. Die Fragen jedoch, die sich hier auftun, sind wohl noch schwieriger beantwortbar und gleichwohl noch drängender, betrachten wir nicht nur den leidenden therapiebedürftigen einzelnen, sondern auch das Beziehungssystem, in das dieser eingebettet ist. Und als das hier zentralste Beziehungssystem erwies sich die Familie.

Anmerkungen

[1] Briggs, J./Peat, D. (1989): Die Entdeckung des Chaos. Eine Reise durch die Chaos-Theorie. München (Hanser), 1990.

[2] Talmon, M. (1990): Single Session Therapy. San Francisco (Jossey-Bass).

[3] Shazer de, S. (1985): Wege der erfolgreichen Kurztherapie. Stuttgart (Klett-Cotta), 1989.
– (1988): Der Dreh. Überraschende Wendungen und Lösungen in der Kurztherapie. Heidelberg (Carl-Auer-Systeme), 1989.
– (1991): Das Spiel mit Unterschieden. Wie therapeutische Lösungen lösen. Heidelberg (Carl-Auer-Systeme), 1992.

[4] White, M./Epston, D. (1989): Die Zähmung der Monster. Literarische Mittel zu therapeutischen Zwecken. Heidelberg (Carl-Auer-Systeme), 1990.

[5] Cade, B./O'Hanlon, W. H./Hudson, W. (1993): A Brief Guide to Brief Therapy. New York (W. W. Norton).

[6] Morin, E. (1991): La Méthode 4. Les Idées. Paris (Editions du Seuil).

[7] Masson, J. M. (1990): Final Analysis. The Making and Unmaking of a Psychoanalyst. New York (Addison-Wesley).

[8] Hubble, M. (1991): Psychotherapy as a Business. Supply Creates its Own Demand, in: *The Family Therapy Networker*, September/Oktober, S. 83–85.

[9] Luhman, N. (1984): Soziale Systeme. Grundriß einer allgemeinen Theorie. Frankfurt (Suhrkamp).

[10] Grawe, K. (1992): Diskussionsforum Psychotherapieforschung zu Beginn der neunziger Jahre. *Psychologische Rundschau* 43, S. 132–162. Grawe schreibt dazu weiter: » Wahrscheinlich ist die Tatsache, daß sich in der BRD seit 1976 etwa ein Dutzend verhaltenstherapeutisch ausgerichteter, profitabel arbeitender psychosomatischer Privatkliniken mit mehreren tausend Betten etablieren konnten (Hand und Wittchen, 1991)[11], unter anderem eine Auswirkung dieser strukturell verankerten Fehlversorgung. «

[11] Hand, I./Wittchen, H. V. (1991): Verhaltenstherapie – Aufgaben, Ziele, Erwartungen. *Editorial Verhaltenstherapie* 1, S. 3–5.

3. Neue Zugänge zur Familie

Zur Krise der westlichen Familie

Von psychotherapeutischer Postmoderne läßt sich kaum sprechen, ohne an Familientherapie zu denken. Auch deren Entwicklung zeigt sich durch die gesellschaftlichen und politischen Bedingungen geprägt, die zu verschiedenen Zeiten in verschiedenen Ländern – vor allem aber in den USA – bestanden. Sie zeigt sich nicht minder geprägt durch die Pioniere, die, solche Bedingungen nutzend, der Familientherapie ihren Stempel aufdrückten und ihr Auftrieb gaben. Sie werden uns sogleich beschäftigen. Aber die Entwicklung der Familientherapie läßt sich auch kaum von den Entwicklungen trennen, die die Familie als Institution in westlichen Gesellschaften nahm und noch nimmt. Auf diese möchte ich zunächst kurz eingehen.

Man kann sagen: Die Institution Familie ist Teil, wenn nicht Kernstück der von Hegel gemeinten Gesetze und Einrichtungen, die dem Wandelbaren Halt zu geben vermögen, sich aber auch selbst wandeln und doch wieder im Wandel erhalten. Oder, um es mit einem Bild des Anthropologen Paul Bohannan[1] auszudrücken: »Die Familie ist die beständigste und anpassungsfähigste aller menschlichen Institutionen. Sie biegt sich wie ein Bambus im orientalischen Märchen, um sich alsbald wieder aufzurichten.«

Die Gründe dafür sind nicht schwer zu finden: Wie kaum eine andere Institution erweist sich die Familie geschaffen, gleichzeitig unserem biologischen Erbe, tiefen existentiellen Bedürfnissen wie auch gesellschaftlichen Anforderungen gerecht zu werden.

Das heißt im einzelnen: Sie schafft einen Kontext, der (im Vergleich mit allen anderen Lebewesen) der unverhältnismäßigen Instinktoffenheit, langen Abhängigkeit von Betreuern und gleichzeitigen Lernfähigkeit und Lernbereitschaft des jungen Menschenwesens entgegenkommt. Sie erfüllt zentrale Bedürfnisse nach Verbundenheit und Geborgenheit, nach Anerkennung und Wertschätzung, nach einem fairen Geben und Nehmen, nach Sexualität im

Rahmen einer intimen, andauernden, verläßlichen Beziehung und nach Lebenssinn überhaupt. Und sie trägt zum Überleben einer Gesellschaft und Kultur bei, indem sie als sozialisierende Instanz deren Erfahrungsschatz und Werte an die Kette der Generationen weitergibt.

Solche Synthese der Bedürfnisse und Funktionen variiert je nach gesellschaftlicher und historischer Situation. Sie gelingt auch immer nur mehr oder weniger gut und ändert sich, wenn sich Gesellschaften ändern. So übernahm der Staat in neuerer Zeit in westlichen Gesellschaften Funktionen, die in traditionellen und insbesondere bäuerlichen Gesellschaften noch weitgehend von der Familie ausgeübt wurden – so etwa eine Kinderbetreuung und Kindererziehung, die heute zunehmend außerhalb der Familie in Kindergärten und Schulen stattfindet, so die Betreuung und finanzielle Absicherung alter und pflegebedürftiger Menschen, die zunehmend staatlichen Institutionen übertragen wurden. Andererseits übernimmt in einer sich ausdifferenzierenden, unübersichtlicher werdenden und sich immer anonymer darstellenden Gesellschaft die Familie neue oder für sie bislang weniger zentrale Funktionen. Sie wird etwa zur hauptsächlichen, wenn nicht alleinigen Erfüllungsinstanz für tiefe Sehnsüchte, emotionale und eben existentielle Bedürfnisse. So wird sie auch, in den Worten des amerikanischen Autors Christopher Lasch, zum »haven in a heartless world«, zum sicheren Hafen in einer herzlosen Welt. [2]

Allerdings hat der gesellschaftliche, technische und politische Wandel heute in vielen Ländern ein Tempo erreicht und Kräfte entfesselt, die gerade diesen sicheren Hafen zu bedrohen scheinen. Nicht wenige Experten sahen und sehen sich daher, ungeachtet der bislang bewiesenen Anpassungsfähigkeit der Familie, veranlaßt, für deren Fortbestand düstere Prognosen zu stellen. Sie verweisen dabei auf bekannte demographische Daten. So wird etwa in westlichen Industrienationen voraussichtlich jede zweite derzeit geschlossene Ehe wieder geschieden werden. Neueren amerikanischen Untersuchungen zufolge lösen sich sogar etwa 66 Prozent derzeit neu geschlossenen Ehen wieder auf. [3] Die Zahl der Ehen ohne Trauschein, der Stieffamilien (blended families) und der alleinerziehenden Eltern nimmt weiter zu. In Metropolen wie New York ist die sogenannte Normalfamilie – bestehend aus zwei dauerhaft mit ihren von ihnen abstammenden Kindern zusammen lebenden Eltern – bereits in die Minderheit geraten. Auch in urbanen Zentren Deutschlands wie München, Hamburg, Frankfurt oder Düsseldorf erreichen heute Einpersonenhaushalte einen Anteil von 50 Prozent oder mehr. Familienhaushalte, also Haushalte mit vier oder mehr Personen, sind dagegen zur Ausnahme geworden. So finden sich in den genannten Großstädten nur noch jeweils knapp 10 Prozent aller Haushalte mit vier oder mehr Personen.

Individualisierungsprozesse

Betrachten wir solche Veränderungen der Familien- und Partnerbeziehungen genauer, läßt sich auch hier von Individualisierungsprozessen sprechen. Eine kürzlich erschienene Studie von G. Burkart und M. Kohli[4] spricht von einem zunehmenden Individualisierungsdruck, der im Bereich der Partnerschaft und Familie folgende Entwicklungen begünstigt, wenn nicht erzwingt:

1. Immer mehr Menschen entscheiden sich für individualisierte Lebensformen – so etwa, allein zu leben, partnerlos zu bleiben, ohne Kinder oder ohne Familie zu leben.

2. Individualisierte Partnerwahl bedeutet, daß sich viele Menschen eher nach reiflicher Überlegung als »kurz entschlossen« den passenden Partner aussuchen.

3. Eine Entscheidung für die Ehe oder – als Alternative dazu – für das nichteheliche Zusammenleben zeigt sich zunehmend als Ergebnis einer »Kosten-Nutzen-Analyse«; man wägt Vor- und Nachteile der Ehe genau ab und entscheidet sich dann dafür oder dagegen.

4. Man gewöhnt sich daran, daß Beziehungen und Ehen nicht mehr unbedingt für das ganze Leben gemacht sind. Gegenüber dem traditionellen Lebens- und Familienverlauf setzt sich allmählich das lebensgeschichtliche Muster von Paarbeziehungsfolgen (»Fortsetzungsehen«) durch.

5. Mit der »Individualisierung der weiblichen Biographie«

(Emanzipation und Zuwachs an Entscheidungsautonomie) wächst die Möglichkeit für Frauen, mit ihren Männern auszuhandeln, was innerhalb der Paarbeziehung möglich ist und was nicht. Sie begnügen sich nicht mehr damit, die Karriere des Mannes zu fördern oder seine Wünsche zu erfüllen.

6. Je selbstbewußter sich Frauen zeigen und ihre eigene Karriere planen, desto wahrscheinlicher wird das Muster der »individualisierten Partnerschaft«. Die Partner gehen darin weitgehend eigene Wege. Wir finden etwa hochqualifizierte kinderlose Doppelverdienerpaare und, noch relativ selten, getrennt lebende Paare.

7. Elternschaft und Zahl der Kinder werden nicht mehr dem Schicksal überlassen, sondern sind ebenfalls zunehmend das Ergebnis von Entscheidungsprozessen auf der Grundlage von Kosten-Nutzen-Überlegungen. Mutterschaft und Vaterschaft sind nicht selbstverständlich, sondern werden in Diskussionen entschieden und festgelegt.

8. Es ist mit einer Zunahme von Kinderlosigkeit zu rechnen, weil sich immer weniger Paare entschließen können, auf zwei volle Karrieren zugunsten von Familie zu verzichten. Dazu tragen wachsende Ansprüche an elterliche Verantwortung bei. Viele potentielle Eltern trauen sich die schwere Bürde nicht mehr zu.

9. Das Gesamtergebnis dieser Entwicklungen ist ein zunehmender Individualismus und eine allmähliche Abkehr vom Familiensinn als Leitwert.

Allerdings setzen sich Burkart und Kohli zufolge diese Individualisierungstendenzen in einzelnen Regionen westlicher Länder mit unterschiedlicher Stärke durch. In ländlichen Gegenden ist davon vergleichsweise weniger zu spüren als im Alternativ- und akademischen Milieu der Großstädte.

Radikalisierung existentieller Widersprüche

Aber es zeigt sich im Lichte der angedeuteten Individualisierungsprozesse nicht nur der Familiensinn weltweit bedroht, es zeigt sich auch ein wachsendes Konfliktpotential. So etwa: Einerseits wird das eigene Leben wichtiger, verliert die Partnerschaft an Bedeutung. Andererseits steigen die Ansprüche an den Partner, weil die Liebesbeziehung zur einzigen Zufluchtsstätte und Quelle von Geborgenheit wird. Oder: Angesichts zunehmender Möglichkeiten der Selbstverwirklichung erweisen sich (nicht zuletzt für Frauen) Kinder einerseits mehr und mehr als Bürde. Andererseits ist das Bedürfnis nach Kindern heute vielleicht größer denn je. Denn es sind gerade Kinder, die in einer Welt ohne feste Bindungen noch am ehesten die Hoffnung vermitteln können, ein Leben lang mit einem Menschen emotional verbunden zu sein. Oder: Einerseits bestimmen rationale Überlegung und Kosten-Nutzen-Rechnungen die Partnerwahl, andererseits nähren die Überflußgesellschaft und die sich darin ausbreitenden Medien eine romantische und bedenkenlose Glückssuche. Man kann von einer Erzeugung, ja Radikalisierung von existentiellen Widersprüchen als Folge der angedeuteten zunehmenden Individualisierung sprechen.

Mit Blick auf eine solche Radikalisierung läßt sich – bleiben wir bei dem obigen Bild der Familie als einem sich im Winde beugenden und dann wieder aufrichtenden Bambus – fragen: Drücken die gegenwärtigen Stürme diesen nicht nur nieder, sondern drohen sie auch das Erdreich zu erschüttern und wegzuspülen, aus dem er herauswächst? Und die Antwort dürfte lauten: Die Institution Familie zeigt sich wie wohl niemals zuvor von einer Krise bedroht – ähnlich wie sich heute die Menschheit als Ganzes von einer noch nie dagewesenen Krise bedroht zeigt.

Krisen haben indessen ein Doppelgesicht: Sie bedeuten nicht nur Bedrohung, sondern auch Chance. In den Worten Hölderlins: Wo Gefahr ist, wächst das Rettende auch. Und das dürfte für die Krise der Familie wie die Krise unseres Planeten gelten.

Doch weiter: Die genannten Krisen – die der Institution Familie und die unseres Planeten als einer Heimstatt für menschliche Wesen – sind möglicherweise schicksalhaft miteinander verknüpft. Und diese Verknüpfung zeigt sich nicht zuletzt daran, daß, will die Menschheit als Ganzes überleben, Änderungen auf unterschiedlichsten, mit einander vernetzten Ebenen fällig sind: so Änderungen des Bewußtseins, Änderungen des Umganges mit immer knapperen Ressourcen und Änderungen des Umganges der Menschen miteinander.

Fällige Entwicklungen

Auf die Gefahr hin, stark zu vereinfachen, kann man nun feststellen: All diese Veränderungen erfordern und spiegeln das wider, was sich am ehesten als fällige Entwicklung hin zu neuen Formen der Institution Familie mit neuen Formen von Familienpartnerschaftlichkeit kennzeichnen läßt.

Wir müssen uns auch erinnern: Gerade die westliche Familie zeigt sich uns als Hort und Wiege des Patriarchats. Der pater familias hatte in der römischen Antike das Recht, über Leben und Tod von Frauen, Sklaven und Kindern zu befinden, und konnte noch bis in das späte Mittelalter hinein Frauen geradezu wie bewegliche Immobilien behandeln und unbotmäßige Kinder ins Gefängnis werfen lassen.

Mit der durch Gesetz und Tradition legitimierten Verfügungsgewalt des Patriarchen über Frauen und Kinder verband sich ein charakteristisches Beziehungs- und Weltverständnis. Darin erscheinen bestehende Hierarchien und Verpflichtung zu Gehorsam natur- und gottgegeben, darin haben Kampf, Wettbewerb und das Streben nach Macht Vorrang vor Kooperation und Ressourcenausgleich, darin stellen Wachstum und Vermehrung (des eigenen Besitzes, der eigenen Nachkommenschaft, des eigenen Clans, des eigenen Volkes, der eigenen Religionsgemeinschaft) unbefragte Werte dar, darin kommt in erster Linie ein lineares, auf die Erreichung partikularer Ziele und Profitmaximierung ausgerichtetes Denken zum Zuge, darin geht es nicht zuletzt um die Kontrolle und Beherrschung von anderen durch die Inbesitznahme der Wahrheit.

Dem läßt sich ein Welt- und Beziehungsverständnis gegenüberstellen, worin alle Familienmitglieder und insbesondere Männer und Frauen ebenbürtig sind, worin angesichts des Rätsels und der Nichtvoraussagbarkeit der Evolution kein Anspruch auf Wahrheit (des eigenen Glaubens und der eigenen Überzeugung) aufrechterhalten werden kann, worin ein öko-systemisches, der Komplexität und Interdependenz der Lebens- und Naturerscheinungen Rechnung tragendes Denken zum Zuge kommt und worin eben die Verwirklichung von Partnerschaft, und nicht zuletzt der Partnerschaft zwischen Mann und Frau, zum zentralen Anliegen wird.

Sicher: Mit dem Wandel, dem die Institution Familie heute unterworfen ist, hat auch das Patriarchat an Macht und Glanz eingebüßt. Und so wie der verstorbene Psychoanalytiker Alexander Mitscherlich seinerzeit von der vaterlosen Gesellschaft sprach, läßt sich heute nicht zu Unrecht mancherorts von einem Trend zur vaterlosen Familie sprechen. Aber gerade hier zeigt die nähere Betrachtung: Der Vater mag sich zwar randständiger und machtloser zeigen als zuvor, Grundannahmen eines patriarchalischen Welt- und Beziehungsverständnisses wirken dennoch in der Familie fort, werden von deren Angehörigen weiter verinnerlicht und an die Folgegeneration weitergegeben.

Die Entwicklung der Familien- und systemischen Therapie, der ich mich nun zuwenden möchte, ist nicht zuletzt vor solchem historischen Hintergrund zu sehen. Vor diesem Hintergrund zeigen sich die Beiträge der Pioniere der Familientherapie (auch) als Antworten auf die Krise der westlichen Familie – Antworten, die (auch) dazu angetan sind, unser Verständnis von Psychotherapie grundlegend zu verändern.

Anmerkungen

[1] Bohannan, P. (1985): All the Happy Families. Exploring the Varieties of Family Life. New York (McGraw Hill).
[2] Lasch, Ch. (1977): Haven in a Heartless World. The Family Besieged. New York (W. W. Norton).
[3] Castro M. T./Bannpass, L. (1991): Recent Trends and Differentials in Marital Disruption, *Demography* 26, S. 37–51.
– Bray, J. H./Hetherington, E. M. (1993): Families in Transition. Introduction and Overview. *Journal of Family Psychology* 7, S. 3–8.
[4] Burkart, G./Kohli, M. (1992): Liebe, Ehe, Elternschaft. Die Zukunft der Familie. München (Piper).

4. Zur Entwicklung der Familientherapie. Ein Überblick

Ein anschwellender Strom

Die Familientherapie – das ist zunächst im wesentlichen die US-amerikanische Familientherapie – läßt an einen anschwellenden Strom denken, der sich anfänglich aus weniger als einem Dutzend Quellen speiste. Die Quellen lassen sich im Rückblick nur schwer auseinanderhalten. Die aus diesen Quellen hervorgehenden Gewässer – nennen wir sie nun Rinnsale, Bäche oder Flüsse – verbanden, vereinigten und trennten sich wieder in schneller und schwer faßbarer Folge. Es gab keine alle anderen überragende Gründerpersönlichkeit wie bei der Psychoanalyse. Die Urväter und Urmütter meldeten sich fast gleichzeitig zu Wort und machten schon bald untereinander Anleihen. Oder sie versuchten sich in Selbstprofilierung voneinander abzugrenzen, obschon es um Ähnliches oder gar Gleiches ging.

Daher ist es auch problematisch, die wichtigen familientherapeutischen Ansätze im einzelnen festschreiben zu wollen. Das kann nur unter Gefahr großer Vereinfachung und der Verzerrung der Verhältnisse geschehen. Dennoch möchte ich zumindest eine Skizze dieser Ansätze wagen. Drei hauptsächliche Gesichtspunkte bestimmen dabei meine Auswahl: einmal meine (mehr oder weniger große) persönliche Vertrautheit mit führenden Vertretern dieser Ansätze. Ich möchte diese nicht zuletzt als eigenwillige Persönlichkeiten zu Worte kommen lassen. Zum anderen das Verhältnis der einzelnen familientherapeutischen Ansätze zur Psychoanalyse. (Wir müssen uns indessen bewußt bleiben, daß es sich bei dieser um ein komplexes und zum Teil noch immer in Entwicklung befindliches Theoriegebäude und therapeutisches Verfahren handelt, von dem jeweils nur bestimmte Aspekte zur Sprache kommen können.) Schließlich möchte ich – wenn auch nur ausschnitthaft – herausgreifen, was mir mit Blick auf mein Leitthema – das Individuum im System – relevant erscheint.

Allgemein kann man sagen: Einige familien- und systemthera-
peutische Ansätze erscheinen eher zwanglos aus psychoanalytischem Denken und psychoanalytischer Praxis hervorzugehen,
zeigen sich als deren nahezu folgerichtige Weiterentwicklungen.
Andere zeigen sich eher als Kontrastprogramme. Mit anderen
Worten: Wir sehen entweder mehr Kontinuität oder mehr Diskontinuität, was Theoriebildung und Praxis in Psychoanalyse und Familientherapie anbelangt. Und ob und wieweit wir mehr Kontinuität oder Diskontinuität sehen, hängt (auch) wesentlich von uns
als Beschreibern oder Betrachtern ab.

Ein Unterschied zwischen Psychoanalyse und Familientherapie
scheint indessen von Anfang an gegeben. Er folgt aus dem unterschiedlichen Beobachter- und Praxissetting. Für die Psychoanalyse
war dies das Setting einer Zweierbeziehung, die ihren wesentlichen Daten- und Reflexionsbereich absteckte. In der Familientherapie war dies das Setting einer Mehrpersonenbeziehung, das
notwendigerweise andere Daten und Probleme ins Blick- und Re-
flexionsfeld brachte. Aber weiter: Nicht wenige, vielleicht die meisten Pioniere der Familientherapie siedelten sich auf den – wie
H. Goolishian es nannte – »Müllhalden der Psychiatrie« an. Sie ließen sich mit Patientengruppen ein, bei denen etablierte Psychiater
und Psychotherapeuten kaum noch Chancen für Veränderungen gesehen und daher das Handtuch geworfen hatten. Das galt vor allem
für viele als psychotisch und insbesondere schizophren diagnostizierte Patienten, aber auch für die verarmten Multiproblem-Fami-
lien der zumeist schwarzen amerikanischen Ghettos (*The Families
of the Slums*), mit denen ein Minuchin mit seinen Mitarbeitern
seine ersten familientherapeutischen Erfahrungen sammelte.

Die Lidz-Gruppe

Mein Überblick beginnt bei der Forschergruppe, deren familien-
orientierter Ansatz und deren Sprache noch am stärksten psychoanalytisch begründet erscheinen. Das ist das Team, das sich aus den
Psychiatern Theodore Lidz, Stephen Fleck und der Sozialarbeiterin
Alice Cornelison zusammensetzte und von Anfang der fünfziger

Jahre an die Fachwelt mit Berichten über die Familiendynamik schizophrener Patienten aufhorchen ließ.[1] Diese Autoren berichteten in einer Folge von Zeitschriftenaufsätzen über einige Dutzend Familien, die bis heute als die wohl mit am gründlichsten erforschten gelten dürfen. Denn mit diesen Familien fanden jeweils Hunderte von Sitzungen statt, damals allerdings mehr dazu angetan, Erkenntnisdaten zu gewinnen als therapeutisch etwas zu bewegen. Bereits die Tatsache, daß diese Familien sich zu Sitzungen von Hunderten von Stunden hergaben, lieferte eine wichtige Erkenntnis. Als die drei Forscher in der Folge versuchten, auch eine Vergleichsgruppe von Familien mit als psychopathisch und/oder als suchtkrank diagnostizierten Patienten ähnlich anhaltend und gründlich zu interviewen, mußten sie erfahren, daß letztere Familien meist schon zur nächsten anberaumten Sitzung nicht mehr erschienen: ein dramatischer Hinweis darauf, wie unterschiedlich in Familien zentripetale und zentrifugale bzw. bindende und ausstoßende Kräfte zur Wirkung kommen und die Interventionsmöglichkeiten beeinflussen können. Darüber dann später mehr.

Das Fazit der Untersuchungen der Lidz-Gruppe: In den Familien mit schizophrenen Angehörigen stimmt vieles nicht. Ganz besonders stimmen darin nicht die Voraussetzungen, die für eine gelingende Sozialisation der heranwachsenden Kinder gegeben sein sollten. Die bestehende Familienkonstellation, insbesondere die Elternbeziehung, schien solche Sozialisation zu verhindern. Es zeigte sich darin etwa das, was Lidz und Mitarbeiter in der Folge als »family schism« und »family skew« beschrieben: entweder eine mit einem fast totalen Kommunikationsabbruch einhergehende gegenseitige Entfremdung, ja Gespaltenheit der Elternteile, die nunmehr einzelne Kinder als Bundesgenossen zu rekrutieren suchen, oder die Unterordnung der Restfamilie unter die abstrus anmutenden Vorstellungen eines dominierenden Elternteils. Weiter schienen ein oder beide Elternteile häufig die psychischen Grenzen der Kinder massiv und chronisch zu verletzen. Eine Mutter von Zwillingen etwa – Theodore Lidz berichtete uns darüber Ende der siebziger Jahre in unserem Heidelberger Institut – gab ihren damals etwa siebenjährigen Mädchen »zur Sicherheit« immer auch dann ein Abführmittel, wenn sie dieses selbst zur Bekämpfung ihrer eigenen chronischen Verstopfung einnahm. Aufgrund vieler solcher Beobachtungen und aufgrund theoretischer Überlegungen, die sich Erkenntnisse vor allem auch von Entwicklungspsychologen und Sprachforschern zunutze machten, kam Lidz schließlich zu dem Schluß: Käme auch so etwas wie Schizophrenie beim Menschen nicht vor, müßten wir solche dennoch bei diesem aufgrund seiner biologischen wie psychologischen Ausstattung und Entwicklung postulieren. Das begründete er ausführlich in seinen früheren wie späteren Schriften, worin er sich bis heute weitgehend eines psychoanalytischen Begriffs- und Bezugssystems bediente und bedient. [2]

Nathan Ackerman

Als nächstem der frühen familientherapeutischen Pioniere wende ich mich Nathan Ackerman zu. Bereits 1938 erschien von ihm eine Arbeit, die die Familie als für die Psychotherapie zentral wichtige Einheit beschrieb. [3] Auch Ackerman sprach noch die Sprache der Psychoanalyse. Aber er sprach sie zunehmend stockend und mit Vorbehalten. In New York als Psychoanalytiker und Kinder- und Jugendpsychiater ausgebildet, brach er doch ein psychoanalytisches Tabu nach dem anderen. So schockierte er nicht wenige seiner psychoanalytischen Kollegen, als er dazu überging, Patienten innerhalb ihrer bzw. mit ihren Familien zu analysieren. Und noch mehr als das: Er war, soweit mir bekannt, der erste der Pioniere der Familientherapie, der Familien vor einem größeren Publikum interviewte. Ich erinnere mich, wie ich eine solche Sitzung beobachtete: Ackerman erschien mir wie ein Familiendompteur, ein Dompteur mit zweifellos hoher Begabung zum Showgeschäft. Er provozierte, verlockte, maßregelte, besänftigte. Ob solche Demonstrationsinterviews den Familien gut tun, ja ob sie gar schaden, ist bis heute umstritten. Es ist auch die Frage, ob sie Ackerman selbst gut taten. Von der Parteien Gunst und Haß verwirrt, schwankt sein Charakterbild bis heute in der Familientherapiegeschichte. Seine MitarbeiterInnen, und unter ihnen besonders die Frauen, hatten oft wenig zu lachen. Er zeigte sich ihnen als ein unbekehrbarer und launenhafter Patriarch, noch unberührt von feministisch angeregter männlicher Gewissenserforschung. »Wie kommt es«, fragte er einmal in einer Teamdiskussion, »daß der Murray Bowen« – wir werden sogleich mehr über ihn erfahren – »so gute Leute in seinem Team hat, während ich selbst den Faßboden auskratzen muß?« Das Team bestand überwiegend aus Frauen.

Ackerman starb Mitte 60, also relativ jung, an Herzversagen. Sein Name lebt in dem nach ihm benannten New Yorker Nathan Ackerman Institute fort, das als eines der weltweit führenden familien-therapeutischen Forschungs- und Ausbildungsinstitute gilt.

Carl Whitaker

Auch Carl Whitaker gehört zu den großen Alten der Familientherapie. Auch er fand dazu seinen Weg von der Psychoanalyse – so wie er diese verstand und praktizierte. Und auch er experimentierte schon früh mit der Psychotherapie von Psychotikern. Seine frühen psychoanalytischen Vorstellungen – er teilte sie damals mit nicht wenigen seiner Kollegen – ließen ihn offenbar eine Weile darauf abzielen, seine psychotischen Patienten möglichst rasch in einen regressiven Zustand zu versetzen, aus dem dann deren gesundes Selbst wie ein Phönix aus der Asche zu erstehen vermochte. Im Gegensatz zu nicht wenigen seiner damaligen Kollegen hielt er aber nicht lange an solcher Vorstellung fest. Den Hang zum therapeutischen Experimentieren und Provozieren, der sich schon in seinen frühen Praxiszeiten zeigte, hat er sich indessen bis heute bewahrt: Bis heute liebt er es, seine Patienten in oft provokanter Weise zu verwirren, um sie dadurch an ihren Grundannahmen und eingefahrenen Mustern zum Zweifeln zu bringen. So erlebte ich etwa hinter der Einwegscheibe mit, wie er in einer Familiensitzung unbekümmert seine Schuhe und Strümpfe auszog und den neben ihm sitzenden etwa zehnjährigen Jungen aufforderte, das gleiche zu tun. Auch Whitaker zeigt sich mir als ein talentierter Showmaster, der noch vor wenigen Jahren anläßlich eines großen internationalen Kongresses bei einem Interview mit einer gespielten, aus Kongreßteilnehmern (und darunter auch mir) zusammengesetzten

Familie ein etwa tausendköpfiges Auditorium zu fesseln vermochte. Zugleich habe ich mit vielen anderen ihn als einen Therapeuten wertschätzen gelernt, der bei all seinem unkonventionellen und provokativen Verhalten doch sehr behutsam, ja man kann wohl sagen: liebevoll mit seinen Klienten umgeht und bei diesen dabei nicht selten in relativ kurzer Zeit erstaunliche Veränderungen ermöglicht. Whitaker selbst hat verhältnismäßig wenig geschrieben. Er hat auch keine neuen Begriffe eingeführt, die die familientherapeutische Runde machten. Dafür gibt es von seinen Schülern und Bewunderern um so mehr über ihn zu hören und auch zu lesen. [4]

Lyman Wynne

Als nächster Pionier der ersten Stunde wäre Lyman Wynne zu nennen. Auch er fand seinen Weg von der Psychoanalyse zur Familientherapie, zeigte sich aber – im Gegensatz zu Ackerman und auch zu Whitaker – eher als Integrationsfigur denn als Provokateur und Auslöser von leidenschaftlichen Parteinahmen. Im Washingtoner Psychoanalytischen Institut galt er als der Ausbilder, der am fachkundigsten etwa über neuere Entwicklungen der Ich-Psychologie zu informieren vermochte. Aber er war nicht nur psychoanalytisch beschlagen. Ehe er nach Washington zog, hatte er an der Harvard Universität unter Talcott Parsons soziologische Studien betrieben und dabei den philosophischen Doktorgrad erworben. Fast gleichzeitig hatte er – nach Beendigung seines Medizinstudiums – in einem hirnphysiologischen Labor gearbeitet. So konnte er, was den sozialpsychologischen und neurophysiologischen Bereich anbelangt, beinahe wie seinerzeit Hegel sagen: »Was wert zu wissen ist, weiß ich.« Ich hatte das Glück, viele Jahre unter seiner Anleitung und mit ihm zu arbeiten. Dabei erlebte ich ihn als kühnen Theoretiker, so zum Beispiel als Schöpfer der Begriffe »Pseudo-Gegenseitigkeit« und »Pseudo-Feindschaft« (pseudo mutuality, pseudo hostility), als innovativen Forschungsstrategen und als engagierten Therapeuten.

Auch er betätigte sich in erster Linie als Schizophronieforscher und setzte ebenfalls bei den Familien Schizophrener an: Er hatte sich von Theodore Lidz und dessen Gruppe nahelegen lassen, daß mit diesen Familien einiges nicht stimmte. Für ihn ergab sich daraus die Frage: Galt das für alle Familien Schizophrener, und: Läßt sich das, was da nicht stimmte, in einem möglichst exakten Forschungsdesign erfassen und mitteilbar machen?

Mit Blick auf die erste Frage bat er alle im Raum Baltimore-Washington erreichbaren praktizierenden Psychiater, ihm an die von ihm geleitete Forschungsabteilung des National Institute of Mental Health nur solche Eltern bzw. Familien Schizophrener zu überweisen, von denen sie, die behandelnden Psychiater, selbst meinten, sie seien psychiatrisch unauffällig, also mehr oder weniger normal. Mit diesen Familien kam es dann am NIMH zu wiederholten Gesprächen. Diese wurden von klinisch und insbesondere auch psychoanalytisch erfahrenen Interviewern geführt. Dabei zeigte sich, daß bei allen interviewten Familien in der Tat etwas nicht stimmte. Und das betraf vor allem ihre intrafamiliäre Kommunikation. Heute würde ich sagen, es zeigte sich eine hochgradige »Erweichung ihrer Beziehungsrealität«, wie sie uns später noch beschäftigen wird. Das heißt, es zeigte sich das, was in der Folge in der Literatur als Mystifizierung, als Verrücktquatschen, als Aneinander-Vorbeireden, als Vermeiden eines gemeinsamen Aufmerksamkeitsfokus, als Auslegen von Beziehungsfallen bzw. von Double-binds, als Austeilen falscher Quittungen und ähnliches beschrieben wurde.

Wie aber ließ sich solche im klinischen Interview beobachtete Erweichung der Beziehungsrealität durch exakte Forschungsdaten nachweisen? Um hier einer Antwort näher zu kommen, bedurfte es eines weiteren Forschungsdesigns. Dieses heckte Lyman Wynne dann zusammen mit der Psychologin Margaret Singer aus. Dabei machte sich Wynne deren Kenntnisse als damals vielleicht erfahrenste Rorschachkennerin zunutze. Der in der psychologischen Welt weit bekannte Rorschachtest erhielt in diesem Design eine neue Funktion: Anstatt individuelle intrapsychische Dynamik transparenter zu machen, diente er nun einer Art von Beziehungs- und Kommunikationsdiagnose. Er sollte feststellen helfen, ob und wie ein Proband aus den relativ diffusen Realitätsanmutungen einer Rorschachtest-Karte etwas zu machen bereit oder in der Lage war, das als Fokus (oder Aufhänger) für eine tragfähige Konsens- oder auch Dissensbildung zu verwenden war. Der derart umfunktionierte Rorschachtest wurde jeweils von beiden Eltern junger erwachsener Schizophrener durchgeführt. So gelangten Wynne und Singer zum Konzept der »communication deviances«, zu deutsch »Kommunikationsabweichungen«, das heißt dem Konzept der Spielarten eines Kommunikationsgebarens, welche das Teilen eines gemeinsamen Aufmerksamkeitsfokus erschwerten oder gar verhinderten.

Zunächst registrierten sie knapp 90 solch mehr oder weniger typischer Kommunikationsabweichungen. Später reduzierten sie diese in einem definitiven Diagnoseleitfaden auf etwa 40 der am häufigsten wiederkehrenden Abweichungen. Aufgrund derartiger Kommunikationsabweichungen – ihrer Häufigkeit und Qualität –, wie sich diese bei den beiden Elternteilen ermitteln ließen, vermochte Margaret Singer dann unbesehen vorauszusagen, ob bei deren erwachsenen Kindern eine schizophrene Störung vorlag. Mehr noch: Sie vermochte auch Art und Schwere dieser Störung erstaunlich zutreffend zu beschreiben.

Hier ist nicht der Ort, um auf diese Forschungen näher einzugehen. Wynne und Singer berichteten darüber erstmals zusammenfassend 1963 in vier Beiträgen in den *General Archives of Psychiatry*, die ich dann 1965 für eine Nummer der Zeitschrift *Psyche* übersetzte und herausgab. [5] Ich bin auch heute der Ansicht, daß die beiden Forscher für diese Arbeit den Nobelpreis verdient hätten.

Murray Bowen

Zu den frühen, hier zu erwähnenden Forscher- und Therapeutenpersönlichkeiten gehört auch der bereits erwähnte Murray Bowen, der vor wenigen Jahren 72jährig starb. Wie Lyman Wynne arbeitete er längere Zeit am National Institute of Mental Health. Soweit mir bekannt, war er der erste Psychiater, der schizophrene Patienten zusammen mit deren Familien hospitalisierte, um sie auf diese Weise besser beobachten und behandeln zu können. Zu diesen Patienten gehörten auch die seinerzeit berühmt gewordenen Genain-

Vierlinge[6]: vier als schizophren diagnostizierte junge Frauen, von denen ich selbst die älteste zwei Jahre lang zweimal wöchentlich in Therapie hatte (vielleicht richtiger: die ich zwei Jahre lang mit minimalem Erfolg zu psychotherapieren mich bemühte). In einem solchen stationären Beobachtungssetting, das tagein, tagaus das Familienleben dieser Patienten zu beobachten erlaubte, bestätigten sich viele Erkenntnisse von Lidz, Wynne und ihren Mitarbeitern. Andere differenzierten oder relativierten sich.

Bowen beschäftigte sich insbesondere mit der Vergangenheit dieser Familien, das heißt, er studierte neben den Eltern auch die Großelterngeneration. Das ließ Bowen (neben Ivan Boszormenyi-Nagy, auf den ich sogleich eingehen werde) zum Begründer einer Mehrgenerationensicht bzw. Mehrgenerationentheorie in der modernen Familienforschung werden. Ähnlich wie Boszormenyi-Nagy lieferte Bowen damit einen großen Theorieentwurf.[7] Ins Zentrum dieses Entwurfs stellte er das Konzept der Differenzierung. Differenzierung deckt sich zum Teil mit dem, was ich als bezogene Individuation beschrieben habe und in der Folge noch genauer ausführen werde. Unter Differenzierung verstand Bowen, sehr vereinfachend gesagt, die Art von innerer psychischer Ruhe, Integrität und Abgrenzung, die uns angesichts emotionaler Stürme, Fusionsangebote und Verstrickungen einen klaren Kopf behalten und doch bezogen bleiben läßt. Dabei denke ich etwa an den Anfang des Shakespeare-Sonetts:

Wer Macht zu schaden hat und doch nicht schadet
wer tatvoll ist, doch Taten unterläßt,
wer andere treibt und sich nicht selbst entladet,
wer stark unwankend in Gefahren fest,
dem schenkt der Himmel seine reichsten Güter
ihn lohnt mit holden Schätzen die Natur
ist seiner eigenen Schönheit Herr und Hüter
die anderen sind des Guts Verwalter nur.

Das wäre sozusagen Shakespeares Kapselporträt einer differenzierten Persönlichkeit, wie sie auch von Bowen selbst (auf seine eigene unnachahmliche Art) repräsentiert wurde. Ich erinnere mich, wie ich einmal nur einen Flugplatzsitz entfernt mit ihm etwa sechs Stunden lang von New York nach Venezuela flog. Eine Nachbarin versuchte ihn immer wieder in ein Gespräch zu ziehen. Aber Murray verhielt sich ihr gegenüber wie ein Eisberg.

Obschon nun Differenzierung im Sinne Bowens letztlich Sache des einzelnen bleibt und sich damit auch einem individuumzentrierten psychoanalytischen Verständnis erschließt, zeigte sie sich auch als Mehrgenerationenphänomen und -problem. In der Regel finden nach Bowen jeweils Partner von ähnlichem Differenzierungsgrad zueinander. Je weniger differenziert sie sind, um so mehr finden wir entweder das, was sich (symbiotische) Fusion oder das, was sich radikaler emotionaler Beziehungsabbruch (oder nach Bowen: emotional cut off) nennen läßt. Und je geringer die Differenzierung innerhalb einer Dyade und je größer die Gefahr von Fusion oder emotionalem Beziehungsabbruch ist, um so mehr verlangt es, wie Bowen meint, die Partner nach einem oder einer Dritten, der oder die das System stabilisiert. Hier spricht Bowen dann von Triangulation.

Ich habe diesen von Bowen analysiertenTatbestand mit einigen einfachen Versen und Zeichnungen festzuhalten versucht.[8] Es sei mir gestattet, diese hier sozusagen als eine Art Kurztribut an Bowen zum besten zu geben:

Denn Partner sind, so könnt man meinen,
Nun ähnlich mal den Stachelschweinen:
Wenn diese zärtlich sich umfacheln,
Spürn sie nur allzu schnell die Stacheln;
Wird die Distanz jedoch zu weit,
Verkümmern sie in Einsamkeit.

Das heißt mit Blick auf unser Paar:
Macht sich der Anton etwas rar,
Fühlt Antonine sich verlassen,
Glaubt gar, ihr Anton könnt sie hassen.

Fühlt sie sich aber nah umschlungen,
Wird sie sogleich von Angst durchdrungen,

Daß ihre Kernidentität
Für alle Zeiten baden geht,
Somit ihr Freiheitsspielraum schrumpft,
Dieweilen Anton, meint sie, trumpft,
Wo diesen doch solches Dilemma
Führt in genau dieselbe Klemma.

Was also ließe sich probieren,
Um die Distanz zu regulieren?
Nun, eine Lösung könnte sein,
Man zöge eine(n) Dritte(n) ein,
Der nunmehr Nähe kalibriert
Und das System stabilisiert.

Der Dritte könnt zum Beispiel ein
Schnell gezeugtes Kindlein sein.
Es käme auch, nachts wie am Tage,
Ein Liebhaber durchaus in Frage.
Vielleicht spielt auch ein Schwiegervater
Als Dritter mit in dem Theater.
Es könnte auch, bei gutem Willen,
Ein Therapeut die Rollen füllen.
Und selbst im schlimmsten Fall macht's halt
Immer noch ein Rechtsanwalt.

Bowen studierte des weiteren Wechselfälle von Differenzierung und Triangulation über die Generationen hinweg und sah dabei Therapeuten als Ermöglicher von jeweils höheren Graden von Differenzierung. Um als Differenzierungsermöglicher Erfolg zu haben, mußte sich ein Therapeut zunächst in ein Familien- oder Paarsystem hinein- und dann daraus heraustriangulieren. Wie Ackerman übte sich auch Bowen als Tabubrecher. Ich erinnere mich an ein bestimmtes Ereignis: Der in Philadelphia versammelten, damals noch kleinen Gemeinde der Familientherapeuten (sie umfaßte meiner Erinnerung nach keine 100 Personen) stellte sich Bowen als Therapeut seiner eigenen Ursprungsfamilie vor. Das war eine typische amerikanische Südstaatenfamilie à la William Faulkner, mit jeder Menge von exzentrischen Typen, Alkoholikern, Psychotikern und natürlich auch jeder Menge von emotionalen Fusionen und »cut offs«. Die Schockwellen von Bowens damaliger Intervention sind in dieser Großfamilie wohl bis heute noch spürbar.

Bowens Eltern hatten ein Bestattungsunternehmen. Das mochte mit ein Grund dafür gewesen sein, daß es in seiner Ursprungsfamilie etwas makaber zuzugehen schien und vieles unausgesprochen blieb – bis eben Murray für Aufruhr sorgte. Wie dem auch sei: Als Bowen in Philadelphia seine Familiengeschichte (oder besser: seine Geschichten) preisgegeben hatte, herrschte zunächst minutenlanges Schweigen. Es war Ackerman, der es unterbrach, indem er auf Bowen zuging, ihm die Hand schüttelte und sagte: »Murray, you did it again.« Daraus sprach für mich ehrliche Anerkennung für den – im Augenblick erfolgreicheren – Familienshowgeschäftrivalen.

Ivan Boszormenyi-Nagy

Neben Bowen gilt Ivan Boszormenyi-Nagy als bedeutendster Mehrgenerationentheoretiker der Familientherapie.[9] Beide Forscher verlängerten gleichsam eine Systemsicht in die Familienvergangenheit hinein, und beide zeigten sich dabei als originelle wegweisende Denker. Dennoch verblüffen die Unterschiede. So zeigt sich mir bei ihnen ein sehr unterschiedliches Verhältnis zu Komplexität und (notwendiger) Komplexitätsreduktion. Bowen tat sich mit solcher Komplexitätsreduktion vergleichsweise leicht. Er liebte es, ein paar kernige Begriffe und Aussagen in den Raum zu stellen, und damit basta. Dabei erlebte ich ihn als apodiktisch, ja kauzig, aber oft unterschwellig humorvoll. (»He chuckled« heißt es so schön im Amerikanischen.) Ivan Boszormenyi-Nagy tat sich dagegen mit der Komplexitätsreduktion schwer.

Boszomenyi-Nagy stammt aus einer angesehenen ungarischen Juristenfamilie. Dies trug sicher dazu bei, daß es in seiner Mehrgenerationensicht so zentral um Fragen der Ethik und Gerechtigkeit geht. Er darf als Begründer einer systemischen Beziehungsethik gelten, worin sich über die Generationen hinweg Verdienstkonten herstellen, eingelöst werden oder offen bleiben, worin etwa Eltern von ihren eigenen Kindern zu bekommen suchen, was ihnen von ihren Eltern vorenthalten wurde, wo auf verschiedensten Ebenen – mehr oder weniger verborgen – Loyalitäten, Verpflichtungen und Ansprüche ins Spiel kommen. So läßt sich etwa erklären, warum sich ein Partner durch Alkohol selbst zerstört und seine Ehe scheitern läßt, ein Kind psychosomatisch erkrankt, ein anderes sich dagegen anscheinend ohne jeden Anflug von Schuld durchzusetzen oder gar andere Menschen auszubeuten vermag: Die Betroffenen zeigen sich jeweils als Verlierer oder Gewinner im Mehrgenerationendrama oder vielleicht genauer: Mehrgenerationenlotto des Gebens und Nehmens.

Auch Boszormenyi-Nagys Beschreibung dieses Dramas erweist sich psychoanalytischem Denken verpflichtet. So zeigt sich darin etwa das von Freud beschriebene Über-Ich – eine innerpsychische »Instanz«, die sich als Gewissen, als Ich-Ideal und zugleich sozusagen als Leitstelle der Selbstbeobachtung zur Wirkung bringt – als durch transgenerational zum Zuge kommende Vermächtnisse und Verdienstkonten geprägt: So etwa das dauernd schlechte Gewissen einer eher depressiven Persönlichkeit, die ständig damit beschäftigt scheint, den immer wieder nachwachsenden Berg verinnerlichter Schuld abzutragen, einen Berg, den sie bereits von den Eltern und Großeltern übernommen hat; und so etwa das (anscheinend oder wirklich) dauernd gute Gewissen einer anderen Persönlichkeit, die, was sie auch tut, von innerer Schuldfreiheit und Zufriedenheit durchsonnt wirkt.

Ivan Boszormenyi-Nagy zeigt sich mir – neben Gregory Bateson, auf den ich sogleich zu sprechen komme – als der vielleicht europäischste und philosophischste unter den Pionieren der Familientherapie, was sich nicht zuletzt an seinem Schreib- und Denkstil erweist, einem reflektierenden, umwegigen, suchenden Stil, der sich von dem eher pragmatischen »Down-to-Earth-Stil« der meisten seiner amerikanischen Mitpioniere unterscheidet.

In Deutschland gewann Ivan Boszormenyi-Nagy vor allem in den späten siebziger und frühen achtziger Jahren Einfluß. Hier griff in erster Linie die Göttinger Gruppe um Eckhardt Sperling seine Ideen auf und entwickelte sie zum Teil eigenständig weiter. [10] Auch wir in Heidelberg sahen ihn damals häufig und haben ihm bis heute viel zu verdanken.

Norman Paul

Unter den Familientherapeuten der ersten Stunde, bei denen eher Kontinuität als Diskontinuität mit psychoanalytischem Denken ins Auge fällt, ist schließlich noch Norman Paul zu nennen. Und solche Kontinuität betrifft vor allem das, was Psychoanalytiker, beginnend mit Freuds Schrift über Trauer und Melancholie, über Trauerprozesse, vielleicht genauer: über fehlgeleitete und blokkierte Trauerprozesse vermittelt und zu Wort gebracht haben. Man kann sagen: Solche im Rahmen der psychoanalytischen Zweierbeziehung gewonnenen Erkenntnisse erweiterte Norman Paul nunmehr mit Blick auf die gesamte Familie und setzte sie in aktives, familienbezogenes therapeutisches Handeln um. [11] Er sprach dabei von »operant mourning«, einem in der Paar- oder Familienbeziehung initiierten, im Beisein der Beziehungspartner erlebten und nunmehr auch die Beziehung verändernden Trauern. Auch dabei geht es zumeist um Beziehungen zwischen mehreren – manchmal sogar bis zu drei oder vier – Generationen. So war ich einmal dabei, als er einer jungen Frau in Boston den Auftrag erteilte, das Grab ihrer bislang unbekannten Großmutter in London aufzusuchen, um sich dann mit ihrer Mutter darüber auszutauschen. Wie ich später erfuhr, löste dieser Austausch bei Mutter und Tochter stärkste Emotionen aus. Beide kamen sich dadurch in einer Weise näher, die keiner bis dahin für möglich gehalten hätte. Zugleich änderte sich die Ehe der jungen Frau entscheidend zum Besseren.

Paul war auch einer der ersten Familientherapeuten, der in großem Maßstab Videoaufnahmen zu Konfrontationszwecken benutzte. Ich erinnere mich an seinen kleinen, von Videobändern überquellenden Praxisraum in Boston. Auf allen Stühlen bis auf zwei türmten sich die Videokassetten. Als eine Familie mit drei Kindern erschien, wurden letztere zunächst beordert, die Videokassetten so umzuschichten, daß die benötigten Stühle (einschließlich eines Stuhles für mich, den Besucher) wieder benutzbar wurden.

Salvador Minuchin

Als nächstem möchte ich mich kurz Salvador Minuchin zuwenden, dessen Therapieansatz als strukturelle Therapie (structural therapy) bekannt wurde. [12] Sie wird derzeit vor allem in den USA an vielen Orten gelehrt und praktiziert, ja, sie hat möglicherweise unter Familientherapeuten dort (noch) die meisten Anhänger. Wie Norman Paul liebte und liebt er aktiv zu intervenieren. In den von ihm geleiteten Therapiesitzungen, die ich zu beobachten Gelegenheit hatte, verbündete er sich alternierend mit der einen oder anderen Partei, lobte und schalt er, veränderte er die Sitzordnung, stellte er Aufgaben – ein Vater etwa mußte tatsächlich fünf Minuten lang den Mund halten – und organisierte er, handelte es sich um Familien mit Anorektikerinnen, auch Lunchs. Die Vergangenheit interessierte ihn wenig. Es ging ihm um die Veränderung der Strukturen bzw. Muster, die sich im Hier und Jetzt der Familiensitzung zeigten. Ich erinnere mich, wie er vor etwa 25 Jahren vor einem größeren Auditorium über eine seiner ersten Magersuchtsbehandlungen berichtete: Es handelte sich um einen Jugendlichen, der, als die Behandlung begann, zum Skelett abgemagert war. Er lud ihn ein, an den Mahlzeiten seiner Familie teilzunehmen, zu der damals ein etwa gleichaltriger Teenager-Sohn gehörte. Der Junge begann in der Minuchin-Familie wieder normal zu essen und entwickelte sich insgesamt befriedigend. Sein Vater machte indessen einen Selbstmordversuch: Er wollte sich in der Garage mit den Auspuffgasen seines Autos vergiften. Dies war für mich damals ein eindrucksvoller Hinweis darauf, wie massiv sich unter Umständen Veränderungen eines Familienmitgliedes auf andere Mitglieder auszuwirken vermögen, also das Tun des einen auch das Tun des anderen sein kann.

Sowohl was seine Konzepte als auch sein therapeutisches Vorgehen anbelangt, läßt sich bei Minuchin beim Vergleich mit psychoanalytischer Theorie und Praxis eher Diskontinuität als Kontinuität feststellen. Da mag seine eigene Entwicklung und Ausbildung mitgespielt haben. In Argentinien als Sohn jüdischer Eltern der Mittelschicht geboren, hätte man sich bei ihm auch gut eine »ordentliche« psychoanalytische Karriere vorstellen können. Aber es

kam anders. Als Student wurde er aktives Mitglied einer zionisti-
schen Studentenorganisation. 1943 nahm er an einem Protest gegen den Diktator Juan Perón teil. Er wurde verhaftet, aus der Universität ausgeschlossen und saß drei Monate im Gefängnis. Nach
seiner Entlassung setzte er sein Medizinstudium in Uruguay fort,
um es später in Argentinien zu beenden. Anschließend verschlug
es ihn 1948 nach Israel. Im ständigen Kontakt mit israelischen Gue-
rillas stehend, soll er seine Vorliebe und Begabung für strategisches
Intervenieren entwickelt haben. Die ersten Früchte dieser Entwicklung brachten sich dann in seiner Arbeit mit schwarzamerika-
nischen Ghettofamilien zum Ausdruck, mit der er seinen frühen
Ruf als Familientherapeut begründete. Man kann sich vorstellen,
daß es bei der Arbeit gerade mit diesen Familien weniger auf den
Erhalt einer freischwebenden Aufmerksamkeit als auf die Bewälti-
gung des zwischenmenschlichen Chaos ankam. Und das verlangte
eben vor allem aktives strategisches Eingreifen.

Virginia Satir

Die bisher porträtierten Pioniere der Familientherapie gelten als
Vertreter der amerikanischen Ostküste. Sie werden häufig den so-
gleich vorzustellenden Vertretern der Westküste entgegengestellt.
Von den Ostküstlern heißt es, sie seien zuallererst Kliniker. Auf ih-
rer klinischen Erfahrung habe sich dann die Theorie aufgebaut.
Von den Westküstlern – und das sind nun in der Hauptsache die
Mitglieder der sogenannten Palo Alto-Gruppe – heißt es dagegen,
sie seien eher von den Höhen der Theorie in die Niederungen der
Klinik hinabgestiegen.

Wie dem auch sei, die Persönlichkeit, auf die ich nun kurz eingehen möchte, erweist sich gleichsam in der Mitte zwischen Ost-
und Westküste angesiedelt und zugleich auf ihre Weise einmalig.
Es ist Virginia Satir, die einzige Frau und damit einzige Urmutter
unter den Familientherapeuten der ersten Stunde. [13]

Als Sozialarbeiterin praktizierte sie Familientherapie schon seit
1951 in Chicago. Später sagte sie, schon damals habe sie systemisch gearbeitet, ohne das Wort gekannt zu haben. In den späten

54

fünfziger Jahren ließ sie sich dann nachhaltig von der Gruppe um Gregory Bateson und Don Jackson beeinflussen. Zwischen 1963 und 1965 leitete sie die psychotherapeutische Ausbildung am Esalen Institute in der Nähe von Big Sur in Kalifornien. Sie wurde eine der Leitfiguren der Human Potential-Bewegung der sechziger Jahre. Ihren eigenen Angaben zufolge nahm sie damals an 300 Marathon-Encountergruppen teil.

Sie berührte, so hieß es, in einer Sitzung mehr Klienten körperlich als andere Therapeuten in ihrem ganzen Berufsleben. Ihr humanistischer Aktivismus prägte dann auch ihre Familientherapien. Einer ihrer Biographen schreibt: »Sie war eine Meisterin der klaren, jargonfreien Rede, und mit ihrer charismatischen Darstellungskraft erreichte sie Zehntausende im persönlichen Kontakt, Hunderttausende durch ihre Bücher und Millionen durch die Medien.«[14] Auch im deutschen Sprachbereich gehörte sie über längere Zeit zu den bekanntesten Familientherapeuten.

Als sie 1988 starb, meldeten sich ungewöhnlich viele Menschen, deren Leben Virginia beeinflußt hatte, zu Wort.

Die Teilnehmerin eines ihrer Workshops berichtete etwa: »Wir stellten ihr vier der gestörtesten Familien unserer Klinik vor, und sie verwandelte diese vor unseren Augen. Deren Mitglieder wurden zu offenen, warmen, reagierenden menschlichen Wesen – von Virginia in Kontakt mit ihrem eigenen Wert und ihrer eigenen Kraft gebracht – und in die Lage versetzt, diese positiv zu nutzen. Niemand in Virginias Bannkreis konnte an seiner Pathologie festhalten.«[15]

Und Frank Pittman, einer der artikuliertesten Autoren der heutigen Familientherapieszene, schreibt im Rückblick: »1964, als ich meine Pilgerfahrt nach Palo Alto machte, um zu Füßen von Don Jackson und Jay Haley zu sitzen, traf ich Virginia. Sie war die wagemutigste und geschickteste Fammilientherapeutin, die man sich denken kann. Wichtiger noch, sie war das großartigste menschliche Wesen und überwältigte mich völlig. Sie war von atemraubender Präsenz und größer als das Leben. Ich hatte zuvor noch nie jemanden gekannt, der sich so intensiv mit Menschen einzulassen vermochte. Ich erlebte sie zugleich als bezwingend und furchterregend.«[16]

Gregory Bateson und die Palo Alto-Gruppe

Ich komme schließlich zu der Forschergruppe, die sich am stärksten von der psychoanalytischen Tradition abhebt, ja gleichsam ein Kontrastprogramm dazu liefert. Das ist die sogenannte Palo Alto-Gruppe, die sich Ende der vierziger Jahre an der amerikanischen Westküste um Gregory Bateson scharte. Wie die Impressionisten um die Jahrhundertwende, rannten deren Mitglieder sozusagen gegen das Establishment an – und das war nun überwiegend das psychoanalytische Establishment. Und sie hatten auch alle etwas von Bohemiens, das heißt akademischen Bohemiens, an sich. Zu den ersten Mitgliedern der Palo Alto-Gruppe zählen neben Bateson noch Jay Haley, John Weakland, Don Jackson und William Fry. Später – aber wohl erst nach Abklingen der besonders schöpferischen Initialphase – stießen noch Paul Watzlawick, die bereits erwähnte Virginia Satir und einige andere dazu. Haley hatte seine Studien an der Stanford-Universität abgebrochen, um Filme zu machen. Weakland war Chemiker und Hobbysinologe. Jackson und Fry waren die einzigen Psychiater der Gruppe, Jackson auch der einzige, der längere Erfahrungen mit schizophrenen Patienten aufweisen konnte. Fry verließ die Gruppe relativ bald, um in der Marine Dienst zu machen, und kehrte anschließend nur für eine kurze Weile zurück.

Aber der bunteste dieser bunten Vögel war wohl Gregory Bateson selbst.[17] Sein Vater, William Bateson, ein bedeutender englischer Wissenschaftler, gilt als ein Begründer der modernen Genetik. Auch der Begriff Genetik als Bezeichnung für die Wissenschaft der Vererbungsprozesse stammt von ihm. Sein Sohn Gregory wurde so nach dem Mönch Gregor Mendel benannt, der die Mendelschen Gesetze erarbeitet hatte und ein Freund seines Vaters war. Gregory Bateson selbst brachte es zu keinem bedeutenden akademischen Grad oder gar Professorentitel. Dafür fehlte ihm unter anderem das nötige Sitzfleisch. Dennoch – oder vielleicht deshalb – prägte er wie kaum ein anderer das geistige Klima der – psychotherapeutischen wie sonstigen – Moderne und Postmoderne mit. Er schien von ständigem Fragedrang und forscherischer Wanderlust getrieben. Als jungen anthropologischen Feldforscher trieb es ihn nach Neuguinea, wo er seine erste Frau Margaret Mead, eine der bedeutendsten Anthropologinnen ihrer Zeit, traf. Später gingen beide zusammen nach Bali. Er interessierte sich für unterschiedlichste Wissensbereiche und entdeckte dabei immer wieder Grundmuster, Überschneidungen und Zusammenhänge. Er setzte sich mit Darwin und Lamarck auseinander, versenkte sich in Russells und Whiteheads Theorie der logischen Typen, studierte die Psychologie der Nationalsozialisten und ihrer Anhänger (analysierte beispielsweise den Film *Hitlerjunge Quex*), beschäftigte sich mit Wahrnehmungs- und Entwicklungspsychologie, mit der Spieltheorie des genialen ungarischen Mathematikers John v. Neumann, mit dem sozialen Verhalten von Tintenfischen und Delphinen, mit Gruppenprozessen und Erziehungspraktiken in unterschiedlichen Kulturen und, um die Zeit, als er nach Palo Alto kam, vor allem mit Kybernetik und schizophrenen Verhaltensweisen. Man kann sagen: Es war vor allem Gregory Bateson, der die Kybernetik und damit ökosystemisches Denken im psychosozialen Bereich ansiedelte. Und dies mit – wie wir noch sehen werden – enormen Folgen für unser heutiges Verständnis der psychotherapeutischen und insbesondere der systemischen Praxis.

Allerdings: Wenn ich die Mitglieder der Palo Alto-Gruppe als Ikonoklasten bezeichne, trifft das eher auf die Inhalte, um die es ihnen ging, als auf ihr Auftreten zu. Am ehesten zeigte sich noch Haley als brillantes Enfant terrible, das – wie etwa in dem persiflierenden Essay: *The Art of Psychoanalysis* [18] - sich über die Psychoanalyse mokierte. Bateson jedenfalls rannte nicht wortwörtlich gegen irgendwelche Establishments oder Ideengebäude an, sondern stellte diese eher liebenswürdig ironisierend in Frage und wies deren Protagonisten Schmuddeldenken (muddled thinking) nach. Und das galt auch für seine Kritik an der Psychoanalyse. Dennoch erkannte er ihren Beitrag zur Wissenschaft vom Menschen, insbesondere auch von dessen Familienbeziehungen, an. Er schrieb etwa um 1940: „Wir mögen uns gerne darüber lustig machen, wie sich in jedem Wort der psychoanalytischen Schriften eine deplazierte Konkretisierung (misplaced concreteness) zum Ausdruck brachte. Aber trotz all dem Schmuddeldenken, das mit Freud einsetzte, bleibt die Psychoanalyse der herausragende Beitrag zu unserem

Verständnis der Familie. Ein Denkmal für den Wert des lockeren Denkens. « [19]

Daher lassen sich auch Bedenken anmelden, wenn ich im folgenden bei Bateson eher Unterschiede – oder das, was ich als Unterschied sehe – als Gemeinsamkeiten hinsichtlich der Psychoanalyse registriere. Doch es sind nun einmal die Unterschiede, die sich für die therapeutische Praxis als von Bedeutung erweisen.

Um diese Unterschiede zu verdeutlichen, muß ich zunächst etwas näher auf die wissenschaftstheoretischen Ausgangspositionen der Palo Alto-Gruppe eingehen. Diese Positionen wurden weitgehend von den damals aufblühenden Systemwissenschaften geliefert. Dazu rechnen die Informationstheorie, die (mathematische) Spieltheorie, die insbesonders von Ludwig von Bertalanffy entwickelte allgemeine Systemtheorie, vor allem aber die Kybernetik, das heißt die Lehre von den Steuerungsprozessen. Für Bateson war die Entwicklung der Kybernetik neben dem Friedensvertrag von Versailles das wichtigste Ereignis unseres Jahrhunderts. (Dabei sah er auch in diesem Vertrag letztlich Ausdruck und Folge einer Art zwischenmenschlicher, sich in historischen Prozessen verwirklichenden Kybernetik. Denn dieser entgegen den Versprechungen des amerikanischen Präsidenten Wilson den Deutschen nach dem Weltkrieg aufgezwungene Friede schürte ein Gefühl der Sinnlosigkeit der Opfer, die den Deutschen durch den Krieg abverlangt worden waren, der ungerechten Behandlung und damit einen Rachedurst, der sich schließlich in dem von Hitler inszenierten Zweiten Weltkrieg entlud.) Für Bateson kennzeichnete es unser Jahrhundert, daß darin innerhalb der Naturwissenschaften die Kybernetik mehr und mehr solche Erklärungsmodelle zu verdrängen begann, die sich an die eher statischen Beschreibungen einer Newtonschen Mechanik angelehnt hatten. Das galt zunächst einmal für die biologischen Wissenschaften, die sich mit den Lebensprozessen befaßten, dann aber auch – nun vor allem dank der Bemühungen von Bateson selbst – für die psychosozialen und psychotherapeutischen Wissenschaften und Ansätze. Was also war nach Bateson das Bedeutende, das die Kybernetik gerade den letzteren zu bieten hatte?

Psychosoziale Kybernetik

Der Regelkreis ist das grundlegende Konzept der Kybernetik. Dieses enthält die Worte Regel und Kreis; es handelt sich um ein Kreisgeschehen, worin sich das Tun des einen als das Tun des anderen beschreiben läßt. Darin kommt es zu Rückkopplungsprozessen, wobei man positive und negative Rückkopplung unterscheidet. Anstelle der Bezeichnungen »positive« und »negative« Rückkopplung lassen sich vielleicht besser die englischen Termini »deviation amplifying feedback« und »deviation reducing feedback«, also abweichungsverstärkende und abweichungsreduzierende Rückkopplung benutzen. Ein Beispiel für eine abweichungsreduzierende Rückkopplung liefert der Thermostat: Die Einstellung sorgt dafür, daß die Temperatur in dem Raum, in dem wir gerade sitzen, selbstregulativ ein bestimmtes Maß weder über- noch unterschreitet. Von einer abweichungsverstärkenden Rückkopplung sprechen wir, wenn sich beschleunigende Prozesse einsetzen, die zu schnellen Veränderungen führen. Dabei kann es unter Umständen zu einem Runaway kommen. Ein Beispiel dafür wäre die Kettenreaktion bei der Kernspaltung.

Bateson schlug also vor, diese Konzepte auf menschliche Beziehungssysteme anzuwenden. Dabei brachte Don Jackson den Begriff der Homöostase ins Spiel. Er ließ sich von dem Physiologen Walter Cannon leiten, der unter Homöostase ebenfalls einen abweichungsreduzierenden Mechanismus verstand, der im lebenden Organismus zum Zuge kommt. Dieser Mechanismus hält etwa Körpertemperatur und Blutdruck auch bei extrem schwankenden Außenbedingungen in einem begrenzten Bereich. Er sorgt dafür, daß im Körper gewisse Ausschläge nicht zu groß werden und daß es nicht etwa zu einem Runaway kommt. Dieses Homöostasemodell wurde nunmehr auf die Familie angewendet. Dabei wurde deutlich, daß für Familien wie auch für andere Organismen zwei Gefahren bestehen: einmal die Gefahr, daß darin die abweichungsreduzierenden Mechanismen zu stark zur Wirkung kommen, Familienbeziehungen erstarren und keine lebendige Entwicklung mehr möglich ist. Dies schien für viele Familien zuzutreffen, in denen Mitglieder sowohl schwere psychosomatische als auch psychotische, insbesondere schizophrene Störungen aufwiesen. Diese Familien also zeigten sich besonders starr und entwicklungsfeindlich. Hier ließ sich somit von extremer Morphostase sprechen. Andererseits bestand die Gefahr, daß Veränderungsprozesse in Familien so schnell erfolgten, daß der Familienzusammenhalt zerstört wurde und dabei die heile Familie auf der Strecke blieb. Hier ließ sich somit eine gleichsam überstürzte Morphogenese wahrnehmen. In funktionierenden – und meinetwegen gesunden – Familien ließ sich demgegenüber eine angemessene Balance von Morphostase und Morphogenese, also von Familienstabilität und Familienveränderung, beobachten.

Nach dem Wort »Kreis« wenden wir uns dem Wort »Regel« zu, das ebenfalls in dem Begriff Regelkreis enthalten ist. Man kann mehrere Arten von Regeln unterscheiden, so etwa, wie es Fritz Simon tat: präskriptive und deskriptive Regeln. [20] Lassen wir uns von psychoanalytischen Vorstellungen leiten, so lassen sich präskriptive Regeln als vom Über-Ich geprägte Regeln deuten. Solche Regeln vermitteln sich etwa in über transgenerational zur Wirkung kommenden Vermächtnissen und Delegationen: Wenn man ältester Sohn ist, wird man dem Beruf des Vaters folgen. Das gehört sich eben so. Damit übernimmt man auch die Regeln dieses Berufes. Oder das Familiencredo verlangt einfach, daß man hilfsbereit ist, stets die eigenen hinter den Bedürfnissen anderer zurückstellt. Derartige Regeln werden zwar durch die Familie, oder was an deren Stelle tritt, vermittelt, sind jedoch durch Kultur und Geschichte mitgeprägt. Sie sind (mehr oder weniger) durch Traditionen, gesellschaftliche Normen und religiöse Vorstellungen sanktioniert.

Dem kann man Regeln gegenüberstellen, die zustande kommen, weil es in menschlichen Beziehungen einfach nicht ohne Regeln geht. So führt Don Jackson das Beispiel eines Paares an, das sich überhaupt noch nicht kennt: Aber schon wenn die Partner durch eine Türe gehen, muß einer zuerst gehen, und der andere muß folgen. Es bildet sich eine Regel dahingehend aus, ob der Mann die Frau zuerst gehen läßt oder ob es ohne Belang ist, wer zuerst geht; aber auch das ist schon wieder eine Regel. Falls die beiden überhaupt zusammenbleiben, werden sich unvermeidlich Regeln herausbilden, die ihr Zusammenleben prägen und sich dann wieder in Mustern ausdrücken, welche ihrerseits zu einem stabilisierenden Faktor der Beziehung werden. Man muß auch hier wieder unterscheiden zwischen Regeln, von denen die Betroffenen mehr oder weniger deutlich wissen, daß sie ihr Verhalten bestimmen und sie, bei Übertretung, Gewissensbisse erleben lassen, und solchen, die nur ein Außenstehender aufgrund seiner Außenposition beobachten kann. Hier ließe sich dann von deskriptiven Regeln sprechen.

Die Bedeutung von – präskriptiven wie deskriptiven – Regeln veranschaulicht sich, stellen wir uns bei einem Fußballspiel nur einen Spieler vor, und denken wir uns die übrigen 21 Spieler sowie den Schiedsrichter weg. Dieser Spieler dürfte uns in seinem unerklärlich wilden Hin- und Hergerenne wohl bald einweisungsreif erscheinen. Und ähnlich bedeutungsvoll zeigen sich nun auch Regeln für Spiele in Familien und Paarbeziehungen. Dabei ist die Bezeichnung »Spiele« wieder bewußt gewählt. Es läßt sich auch hier in der Tat von Spielen, das heißt regelgesteuerten Prozessen sprechen, und dies um so mehr, wenn wir einen wertfreien Begriff von Spiel anwenden. [21]

Wir können dann weiter sagen: Regeln wie Muster erhalten sich durch die Beiträge der Beziehungspartner. Diese Beiträge wirken so aufeinander, daß aus dem Tun des einen das Tun des anderen wird. Ein Problem stellt sich allerdings, wenn wir zu bestimmen versuchen, was jeweils Ausdruck und Folge der einzelnen Beiträge der »Spieler« und was Ausdruck und Folge von deren Zusammenspiel ist. Und dieses Problem besteht nicht nur in der Theorie. Es hat, wie wir sogleich sehen werden, enorme Relevanz für unsere psychotherapeutische Praxis. Bateson und die anderen Mitglieder der Palo Alto-Gruppe haben uns nicht zuletzt für dieses Problem sensibilisiert.

Es stellt sich etwa heraus: Führt ein bestimmtes Beziehungsspiel dazu, daß sich der eine oder andere Partner als Verlierer erlebt, und geht das, wie das so häufig der Fall ist, mit Leiden und Symptombildungen einher, zeigen sich die Betroffenen häufig gleichsam vom Spiel vereinnahmt. Und das bedeutet nun: Sie erleben sich nicht mehr als Spieler, die noch Wahl- und Entscheidungsmöglichkeiten haben, sondern als bloße Figuren, mit denen gespielt wird. Weder vermögen sie den eigenen Beitrag zum Spiel noch dessen Regeln und Muster zu erkennen. Es heißt für sie nicht mehr: Das Tun des einen ist das Tun des anderen, sondern: Das ist nur noch das Tun des anderen, auf das man notgedrungen mit eigenem Tun reagiert. Für den eigenen Beitrag wie auch für die Gesetzlichkeit des sich nunmehr entwickelnden Machtkampfes der Spieler und somit auch für die Gesetzlichkeit der symmetrischen Eskalation (ebenfalls ein von Bateson eingeführter Begriff) bleibt man blind.

Lassen Sie mich, um dies zu veranschaulichen, noch einmal aus dem bereits genannten Büchlein zitieren, in dem es um die Beziehung des Musterpaares Anton und Antonine geht.

Vor ihrem vorwurfsvollen Blicke
Weicht Er leicht säuerlich zurücke
Was Ihr umgehend konfirmiert:
Er drückt sich wieder routiniert.
Was dann bei Ihr, die schon gestreßt,
Vorwürfe weiter sprudeln läßt,
Worauf, damit's IHN nicht bedrücke,
ER zieht noch weiter sich zurücke,
Was wiedrum SIE, die alsbald tost,
Noch allemalen mehr erbost,
Was wiedrum IHN, der auch nicht lacht,
Kaum übermäßig zärtlich macht,
Was wiedrum SIE . . . doch sei's genug
Mit solchem Zug um Gegenzug.

Es geht ja darum einzusehn
Daß hier sich zeigt ein Kreisgeschehn,
Das jeweils so wird punktuiert,
Daß stets der andere agiert,
Daß stets der andre baut den Mist,
Daß er der Übeltäter ist,
Dieweil man selbst, da angeschmiert,
Nur höchst natürlich reagiert.

Kurzum: in der Beziehungspleite
Glaubt man das Recht auf seiner Seite,
Was eben drum, Gott sei's geklagt,
Systemisch Konsequenzen hat.

Da nun, was immer auch passiert,
Der Streit zwangsläufig eskaliert
Mit Resultaten, welche man
Etwa wie folgt abschätzen kann:
Jeder der Kämpen wird drauf setzen,
Dem andren eines auszuwetzen,
Wo immer er denselben an
Einem Schwachpunkt treffen kann.
Man läßt sich auch mitnichten träumen,
Dem andern je das Feld zu räumen,
So daß sich nun absehen läßt
Ein langgezog'nes Schlachtefest,
Wo jeder zu gewinnen hofft,
Dieweil's aus Seelenwunden trofft,
Wo jeder die Kontrolle sucht,
Den andern tags und nachts verflucht
Und doch, anstatt je zu gewinnen,
Die Siegeschancen sieht zerrinnen.
Denn wie er auch sein Los verwünsche:
Er liegt nun im malignen Clinche. [22]

Um die Moral von dieser Geschichte noch einmal zusammenzufassen: Hat das (Partner-)Spiel erst einmal einen bestimmten Intensitätsgrad erreicht, können daraus die Betroffenen nur schwer, wenn überhaupt, aus eigener Kraft aussteigen.

Einem außenstehenden Beobachter fällt es indessen nicht nur leichter als den Spielern, (Spiel-)Regeln und Muster zu erkennen bzw. zu erschließen, er vermag auch eher Beiträge der einzelnen Spieler auszumachen und zu benennen. Mehr noch: Er vermag zu erkennen, daß sich diese Beiträge auf bestimmte Grundannahmen oder Leitideen gründen, die von einzelnen oder allen Spielern geteilt werden. Dabei begründen und verstärken sich Regeln und

Muster einerseits und Grundannahmen andererseits in einem rekursiven Prozeß.

Ein Beispiel aus der klinischen Praxis soll das verdeutlichen. Die von allen Systemmitgliedern geteilte Grundannahme besagt etwa: Mir geht es nur gut, wenn es den anderen gut geht. Diese Grundannahme wiederum begründet und festigt bestimmte Regeln der Beziehung, diese bedingen wiederum bestimmte Beziehungsmuster, und diese wirken wiederum auf die Grundannahmen zurück, womit sich die Schleife schließt. In Familien, in denen diese Schleife zur Wirkung kommt, versuchen die Mitglieder typischerweise, dem/den anderen jede mögliche Verletzung, jede Infragestellung seiner Person, überhaupt jede Art von Unannehmlichkeit zu ersparen. Das heißt aber auch: Jeglicher Konflikt muß vermieden werden. Das aber geht auf Kosten der Lebendigkeit und Entwicklungsfähigkeit der Beziehung und der Beziehungspartner. Die interfamiliäre Kommunikation wird verhaltener, zögernder, stockender, das Familienklima verdruckst und bleiern. Es sollte nicht erstaunen, daß in solchen Familien gehäuft psychosomatische Symptome auftreten. Und das verdeutlicht sich oft schon in einem Rollenspiel, in dem die einzelnen Rollenspieler bzw. Familienmitglieder nur auf die eine eben genannte Regel ». . .mir geht es nur gut, wenn es den anderen gut geht« eingeschworen werden. Die betroffenen Rollenspieler zieht es nach einer Weile im Halse oder Rücken, sie klagen über Schmerzen im Hinterkopf, spüren vermehrt Bauchgrimmen, Harndrang oder was auch immer. Zu Recht oder Unrecht spricht man daher hier auch von psychosomatischen Familien. Darüber weiter unten dann mehr.

Bleiben wir bei der Metapher bzw. dem Bild von Spiel und Spielern, dann stellt sich weiter die Frage: Wer spielt jeweils mit? Wer gehört zum Team der Spieler? Oder in heutiger Beschreibung: Wer ist dem Problemsystem zuzurechnen, trägt also dazu bei, daß das Problem – sei dies eine Migräne, Magersucht, eine Neurose, eine Psychose oder was auch immer – aufrechterhalten wird? Und darauf lautet die Antwort: Als Spieler im Problemsystem erweisen sich in der Tat oft die gleichsam existentiell miteinander verbundenen Mitglieder eines Familiensystems. Und dieses umfaßt nicht selten drei oder gar vier Generationen. Aber nicht immer liegt lediglich ein Familienspiel vor. Das Problemsystem kann sich aus der Gruppe der Gleichaltrigen, der Peers bilden, oder es kann diese mit einschließen. Es kann, wie bei nicht wenigen Alkoholikern, der Arbeitgeber dazugehören. Oder es umfaßt Angehörige der helfenden Berufe: Sozialarbeiter, Bewährungshelfer, klinische Psychologen, Rehabilitationsexperten, Ärzte und wen auch immer, die dann auf die eine oder andere Weise dazu beitragen, daß sich wenig, falls überhaupt etwas, verändert. Hier ist gelegentlich auch die Rede von »Doktor Homöostat«.

Einige therapeutische Implikationen

Wir haben in unseren Überlegungen einen Punkt erreicht, an dem sich einige therapeutische Implikationen der beschriebenen Beziehungskybernetik und der sich damit verbindenden systemischen Sicht deutlicher benennen lassen.

Als vielleicht zentralste Implikation erweist sich nunmehr: Der Therapeut oder die Therapeutin oder auch: Berater oder Beraterin zeigt sich uns als jemand, der oder die über das Individuum, das sich ihm/ihr mit seinen Symptomen und Klagen anbietet (oder angeboten wird), hinausschaut und sich Gedanken über das Problemsystem machen sollte. Er/sie sollte sich fragen: Wie funktioniert dieses System, wer gehört dazu? Und bei solchen Fragen verändern sich bereits Wahrnehmungsweise und Wahrnehmungshorizont des Therapeuten oder der Therapeutin.

Dazu ein einfaches Beispiel: Eine etwa sechzehnjährige Tochter zeigt sich depressiv, kontaktscheu, ja eigenbrötlerisch. Die Tochter könnte eine Schönheit sein, präsentiert sich aber eher als graue Maus. Es stellt sich heraus: Sie kommt aus einer Familie, in der Sexualität verpönt ist; Männer wollen nur das eine. Die Botschaft kommt an: Paß ja auf! In dem Maße, wie ihr Körper erblüht, duckt sie sich etwas zusammen, verbirgt sie ihre Brüste. Das hat systemische Auswirkungen in zwei Bereichen: einmal im Bereich ihrer Familie, wo sie sich für mehr »du-mußt-aufpassen«-Botschaften öffnet: Wage nicht, dich sexuell attraktiv zu zeigen! Auf der anderen Seite wirkt sich das auch in der Gruppe ihrer Gleichaltrigen aus, wo sie sich überängstlich benimmt, wo sie vielleicht riskiert, ihren Kopf, nicht aber ihren übrigen Körper zu zeigen. In der Schule vermag sie schließlich nicht einmal mehr zu zeigen, was in ihrem Kopf steckt. Das führt, gerade was ihre Beziehung zu jungen Männern anbelangt, zu einer sich selbst erfüllenden Prophezeiung: Je mehr sie als verängstigtes Mauerblümchen auftritt, um so schneller schreckt sie potentielle Bewerber ab, wird sie als Mauerblümchen wahrgenommen, verhält sie sich wie ein Mauerblümchen und sieht sie sich selbst als ein Mauerblümchen. Auch hier lassen sich also rekursive Prozesse wahrnehmen, die auf verschiedensten Systemebenen aufeinander einwirken und sich gegenseitig verstärken.

Nachdem der Therapeut oder die Therapeutin sich von solchen Prozessen einen Eindruck verschafft hat, stellt sich ihm oder ihr die Frage, wie er oder sie an den Grundannahmen oder Regeln und Mustern etwas zu verändern vermag, damit anstelle eines stabilisierenden abweichungsreduzierenden Rückkopplungsprozesses eher ein positiver abweichungsverstärkender Prozeß in Gang kommt, ein Prozeß, der nun – in dem Mädchen, aber auch in der Familie – bislang blockierte Entwicklungsprozesse freisetzt. Um solches Freisetzen zu veranschaulichen, verwendete die bekannte italienische Familientherapeutin Mara Selvini Palazzoli einmal das Bild eines Stromes, dessen Fluß durch Gestrüpp gebremst wird. Gelingt es, das Gestrüpp auszuräumen, kann der (Entwicklungs-) Strom wieder ungehindert fließen. Wie jedes Bild, hat auch dieses seine Grenzen. Dennoch vermag es nahezulegen, daß sich systemische Therapeuten eben von anderen Vorstellungen leiten lassen als viele ihrer psychoanalytisch orientierten Kollegen. Diese systemischen Therapeuten sehen sich nunmehr vorzugsweise als »Störer« oder wenn man so will: als hilfreiche Störenfriede. Sie versuchen auf die eine oder andere Weise das, was sich ihnen als ein dysfunktionales Muster, als eine dysfunktionale Grundannahme oder als ein dysfunktionales Kreisgeschehen zeigt, zu stören.

Der Erfolg solch hilfreichen Störens hängt nun weniger von einem großen Einsatz oder Arbeitsaufwand als von der Art ab, wie der Therapeut bestimmte Informationen einbringt und vor allem, wie diese vom Empfänger aufgenommen werden. Es geht, um mit Bateson zu sprechen, um das Einführen von Unterschieden, die – sofern die Betroffen sich diese zu eigen machen – ihre Grundannahmen, ihre Lebensführung und Beziehungsgestaltung verändern. Das verlangt nicht notwendigerweise einen großen Aufwand an Energie, an Zeit (das heißt, an Therapiestunden), an Durcharbeiten von Widerstand etc., sondern kann – eben im Sinne eines positiv zu bewertenden abweichungsverstärkenden Rückkopplungsprozesses – verhältnismäßig schnell, wenn auch oft nicht unbedingt angstfrei, zu Veränderungen führen.

So kann man sich vorstellen, daß die genannte graue Maus bei einem Faschingsfest all ihren Mut zusammennimmt, sich nur leicht bekleidet in das Gewühl stürzt und mit ihrer Angst auch neue Begegnungen und Erfahrungen zuläßt. Diese könnten unter Umständen dann positive Zirkel in Gang setzen und sie schon bald ihre Graumäusigkeit verlieren lassen. Wie dabei ein Therapeut als hilfreicher Störenfried mitzuwirken vermag, zeigt ein Beispiel, das ich Fritz Simon verdanke. Es betrifft eine männliche graue Maus, etwa im gleichen Alter wie unser Mädchen. Auch bei diesem jungen Mann hatten sich negative Zirkel eingeschliffen, die ihn, gerade was Mädchen anbelangte, immer kontaktscheuer werden ließen und seine Selbstzweifel verstärkten. Der Therapeut vermochte ihn schließlich dazu zu bewegen, eine Disco aufzusuchen. Er verband dies mit dem Auftrag, sich mindestens drei Körbe zu holen. Dies müsse er tun, um sich gegen Zurückweisungen unempfindlicher zu machen, sozusagen um seine psychische Immunabwehr zu stärken. Zu seiner Überraschung bekam er keine Körbe. Im Gegenteil, er machte sich mit den Mädchen eine schöne Zeit. Damit begann auch für ihn eine insgesamt positive Entwicklung, die sich nunmehr als ein positiver Zirkel oder sich positiv vorantreibende Beziehungsdynamik beschreiben läßt.

Die genannten Beispiele zeigen, daß eine systemische Sicht – zumindest wie diese unter heutigen Therapeuten vorherrscht – individuelle Motivationsdynamik nicht ausklammert. Eher im Gegenteil. Es zeigt sich darin solche Motivationsdynamik vielmehr als mächtiger, ja vielleicht mächtigster Motor für Veränderungen. Die Frage ist: Wie werden wir dieser Motivationsdynamik – vor allem durch unsere Sprache und Modelle – gerecht, wie und wieweit vermögen wir darauf einzuwirken und schließlich: Wie und wieweit verträgt und/oder verschränkt sich diese Motivationsdynamik mit den angedeuteten interaktionellen Regeln und Mustern?

Zu den Gemeinsamkeiten und Unterschieden zwischen psychoanalytischen und systemischen Ansätzen

Gehen wir diesen Fragen nach, so zeigen sich weitere Gemeinsamkeiten und Unterschiede zwischen psychoanalytischen und systemischen Ansätzen. Im folgenden möchte ich wieder eher die Unterschiede als die Gemeinsamkeiten hervorheben und dabei vor allem wieder Bateson mit seinen Überlegungen zu Worte kommen lassen.

Wichtige Unterschiede ergeben sich bereits aus dem jeweiligen wissenschaftlichen – oder vielleicht richtiger – für wissenschaftlich gehaltenen Sprachgebrauch. Die Sprache der Psychoanalyse orientierte sich – ich wies bereits darauf hin – an Vorstellungen und Begriffen oder meinetwegen auch Metaphern, die die Naturwissenschaften des ausgehenden 19. Jahrhunderts anlieferten. Begriffe wie etwa (psychische) Energie, Besetzung, Verdrängung, Widerstand und Reaktionsbildung lehnten sich großenteils an eine eher statische Newtonsche Mechanik an. Auch mit solch vergleichsweise einfachen Begriffselementen konnte man, wie auch Bateson gerne zugab, beachtliche Einsichten erzielen. Aber ihr unkritischer oder nun vielleicht richtiger: ihr – im Rahmen einer insgesamt eher positivistischen Wissenschaftsauffassung – undialektischer Gebrauch erzeugte nun Gefahren und Probleme. Sie brachten sich, so sah es wiederum Bateson, vor allem in einer Tendenz zur unreflektierten Verdinglichung zum Ausdruck. Eine derartige Tendenz sah Bateson praktisch in jeder psychoanalytischen Schrift, ja in jedem darin vorkommenden Satz zum Zuge kommen. Damit verband sich weiter die Tendenz, zwischen einzelnen verdinglichten Begriffen simple lineare Kausalbeziehungen zu konstruieren, wie zum Beispiel die zwischen einer gegenwärtigen Neurose, Schizophrenie oder was auch immer einerseits und frühen (präödipalen) Traumata und Konflikten andererseits.

Dem leistete dann auch die herkömmliche Medizin Vorschub. Darin hatte die Diagnostik der Therapie vorauszugehen. Und solche Diagnostik bedeutete: Man ging von gezeigten Symptomen aus und führte diese auf einen Erreger, einen Defekt oder ein Trauma zurück. Man kann von kausaler Einbahnstraßenlogik oder Einbahnstraßendiagnostik sprechen. Dabei kamen wiederum, wie bereits angedeutet, Vorstellungen von Tiefe gegen Höhe ins Spiel, wie sich dies etwa in der Bezeichnung »Tiefenpsychologie« ausdrückt. Also: Was früher geschah, lagerte auch entsprechend tiefer und verlangte daher einen »Kampf um die Erinnerung«, verlangte, wenn man so will, mühselige, in der Aktivierung von Übertragung und Gegenübertragung fortschreitende archäologische Ausgrabungsarbeit.

All dies – Verdinglichungstendenz, kausales Einbahnstraßendenken, Anlehnung an ein medizinisches Modell und eine Tiefenperspektive oder vielleicht richtiger: Tiefenmythologie – trugen zumindest bis vor kurzem dazu bei, daß Psychoanalysen vielerorts länger und länger dauerten, so daß Lehranalysen von bis zu 2000 und mehr Stunden heute keine Seltenheit mehr sind.

Allerdings ist zweifelhaft, ob sich die Psychoanalytiker der ersten Stunde eine solche Entwicklung hätten vorstellen können. Dabei denke ich etwa an das, was einmal Michael Balint mir berichtete. Das trug sich vor bald 30 Jahren zu, als sich unsere Wege in Melbourne in Australien kreuzten. Aus Anlaß des 25jährigen Jubiläums der australischen psychoanalytischen Gesellschaft – offiziell handelte es sich wohl noch um eine »study group« – fand unter Leitung Balints ein Workshop und anschließend ein Empfang in festlichem Rahmen statt. Bei dieser Gelegenheit erzählte Balint, sichtlich von australischem Sekt beschwingt, wie es damals, d. h. in den Anfängen der Psychoanalyse, wirklich war: Er unterzog sich als noch junger Mann einer Psychoanalyse bei seinem Freund und Mentor Sandor Ferenczi. Sie dauerte drei bis vier Monate und fand zweimal wöchentlich statt. Damit avancierte Balint zum Psychoanalytiker und (wenn man heutige Vorstellungen anwendet) auch zum Lehranalytiker. Als solcher schaute er sich daraufhin nach einem Analysanden oder einer Analysandin um. Er fand sie in der Person einer damals etwa gleichaltrigen jungen ungarischen

Kollegin namens Clara Gerö. Nach ebenfalls drei bis vier Monaten Analyse verkündete diese ihrem Analytiker Balint: Ich bin schwanger. Daraufhin wurde auch diese Analyse in beiderseitigem Einvernehmen als erfolgreich beendet erklärt. Clara Gerö wanderte anschließend nach Australien aus und gründete dort die australische psychoanalytische Gesellschaft, deren 25jähriges Bestehen ich mitfeiern durfte.

Zurück zu Bateson. Wir müssen uns mit ihm fragen: Welche Folgen hat es, wenn wir uns dem – nicht nur bei Psychoanalytikern zu beobachtenden – Hang zur Verdinglichung widersetzen, wenn wir Abstrakta und Metaphern, wie oben angeführt, entdinglichen? Eine Antwort darauf dürfte lauten: Wir erkennen diese als kontextabhängige Beschreibungen. Oder auch: Wir werden dadurch kontextsensibel. Und Bateson, könnte man sagen, zeigt sich uns nunmehr als der große Sensibilisierer für Kontexte.

Kontexte

Dabei hat auch das Wort Kontext Bedeutungen, die sich ebenfalls als kontextabhängig erweisen. Unter psychotherapeutischen Gesichtspunkten zeigt sich als relevanter Kontext zunächst das Beziehungssystem, in das ein Mensch eingebunden ist. Es läßt sich auch von dem jeweils wichtigen psychosozialen oder Ökosystem sprechen. Zumeist handelt es sich, wie bereits angedeutet, um das jeweilige Paar- und/oder Familiensystem. Solch Kontext fällt weitgehend mit dem zusammen, was wir bereits als Problemsystem kennengelernt haben.

Wie folgenschwer es sein kann, wenn etwa in einer Psychoanalyse dieser Kontext zu wenig Beachtung findet, wurde mir beim Rückblick auf meine eigene psychoanalytische Ausbildung deutlich. Diese fand vor nunmehr bald 35 Jahren in den USA statt und schloß auch schon damals eine mehrjährige Lehranalyse mit je vier Wochenstunden ein. Mein Ausbildungsjahrgang am dortigen psychoanalytischen Institut umfaßte dreizehn Ausbildungskandidaten. Die meisten von uns waren jungverheiratet und hatten kleine Kinder. Etliche Jahre später – wir waren sozusagen schon in analytischen Ehren ergraut – fand ein Großteil von uns wieder zu Gesprächen und Erfahrungsaustausch zusammen. Und dabei erfuhren wir voneinander, daß es bei nicht wenigen von uns während oder kurz nach der Lehranalyse zu Scheidungen gekommen war. Die Prozesse, die zur Scheidung geführt hatten, glichen einander: Der Ehepartner (in den meisten Fällen richtiger: die Ehepartnerin) fühlte sich in dem Maße in der ehelichen Beziehung entfremdet, ja ausgeschlossen, abgewertet und verunsichert, wie ihr Partner, also der Ausbildungskandidat, zu seinem Analytiker eine nahe Beziehung entwickelte, bei der nun überwiegend auch die Beziehung zu ihr, der Ehefrau, zur Sprache kam. Früher oder später suchte sich daher diese ihren eigenen Analytiker. Aber das brachte die Partner nicht mehr zusammen. Eher im Gegenteil. Es kam zu einer weiteren Eskalation der gegenseitigen Anschuldigungen und weiterer gegenseitiger Entfremdung, die nun, wie wir rekonstruierten, von den jeweiligen Analytikern (mehr oder weniger unwissentlich) mitunterhalten wurden. Es ließe sich auch bei diesen von einer sozusagen institutionalisierten Kontextvergessenheit sprechen, die sie in ihrer Einstimmung auf den individuellen Analysanden das jeweilige Partner- bzw. Problemsystem mit seinen Regeln, Mustern und Rückkoppelungsprozessen unberücksichtigt ließ.

Natürlich ist es denkbar, daß es in den besagten Fällen auch ohne Analysen zur Scheidung gekommen wäre (immerhin wird heute in den USA etwa jede zweite neugeschlossene Ehe geschieden, und dies zumeist schon innerhalb der ersten sieben Ehejahre). Dennoch meine ich, daß die (zumindest damals) der psychoanalytischen Situation innewohnende »Kontextvergessenheit« entscheidend zu diesen – für die kleinen Kinder folgenreichen – Scheidungen beitrug.

Allerdings: Der Kontext, in dem eine Psychoanalyse stattfindet, kann sich auch anders darstellen. So argumentierte Jay Haley erst kürzlich[23], Langzeitanalysen seien heute eher dazu angetan, Ehen zu stabilisieren als zu destabilisieren. Der Analytiker zeigt sich dabei, Haley zufolge, als Element eines dauerhaften Beziehungsdreiecks, worin für alle Beteiligten Nähe und Distanz sicher und anhaltend balanciert erscheinen. Ist etwa – der wohl häufigere Fall – die Ehefrau die Daueranalysandin, findet sie im Analytiker einen (oft vom Mann bezahlten) geduldigen Freund und intimen Gesprächspartner. Der Mann kann durch Bezahlung der Analyse etwaige Verfehlungen wie Seitensprünge oder berufsbedingte Abwesenheit abbüßen und sein Gewissen entlasten, zugleich aber den Status des gesunden Nichtpatienten genießen. Der Analytiker schließlich braucht sich, solange die Analyse anhält, nicht um die Bezahlung seiner Miete zu sorgen. Man sieht also: Kontexte lassen sich sehr unterschiedlich sehen und bewerten.

Hier noch eine weitere Erfahrung aus meinen psychiatrischen Lehr- und Wanderjahren, die mich für die Bedeutung des zwischenmenschlichen Kontextes oder Problemsystems sensibilisierte. Ich arbeitete damals als noch junger psychiatrischer Assistenzarzt am Chestnut Lodge Sanatorium in der Nähe von Washington. Chestnut Lodge galt (und gilt wohl noch) als Wiege und Hochburg der psychoanalytisch orientierten Therapie der Psychosen. Harry Stack Sullivan, Frieda Fromm-Reichmann, Harold Searles und Otto Will, um nur einige wenige (der in den USA und z. T. auch im deutschsprachigen Bereich bekannten) Psychiater zu nennen, lehrten und/oder arbeiteten am Lodge. Hier war nun meine erste Patientin eine junge Frau, die in einem katatonen Zustand in das Spital eingeliefert wurde. Otto Will, einer der weltweit wohl erfahrensten Psychosetherapeuten, supervisionierte den Fall. Die junge Frau kam relativ bald aus ihrem katatonen Zustand heraus (was statistisch gesehen in solchem Falle auch zu erwarten war), und ich glaubte, mit ihr am Anfang einer guten Arbeitsbeziehung zu stehen. Doch dann wurde sie wortwörtlich über Nacht von ihrem Vater aus der Anstalt geholt. Mich nahm das damals ziemlich mit. Schließlich war es mein allererster Chestnut Lodge-Fall. Otto Will, mein Supervisor, tröstete mich indessen mit den Worten: Schon Sullivan hat immer gesagt, »das erste entscheidende Zeichen der Besserung eines jungen schizophrenen Patienten ist, daß seine Angehörigen ihn aus der Behandlung und dem Spital zu nehmen versuchen«. Dazu ist nun anzumerken, daß Sullivan in dortigen Psychiaterkreisen einen ähnlich legendären Ruf genoß und wohl noch genießt wie hierzulande Freud. Sullivan war auch Analytiker und Vorbild meines Supervisors Otto Will gewesen. Für mich war, was mir Otto Will da sagte, natürlich ein Trost.

Aber es war noch mehr ein Anstoß zum Nachdenken. Es begann mir zu dämmern: Die Kräfte, die solchen schizophrenen Patienten an seine Eltern binden – heute sprechen wir dabei von verborgener Loyalität, von Bindung und Delegation –, zeigten sich mir unvergleichlich stärker als die Kräfte, die in unserer therapeutischen Zweierbeziehung zur Wirkung kamen. Oder mit anderen Worten: Der Familienkontext erwies sich als ungleich mächtiger als der gegebene therapeutische Beziehungskontext. Heute sehe ich in der damaligen Begebenheit ein Schlüsselerlebnis, das mich nur wenige Jahre später zur Familientherapie führte und auch dazu beitrug, daß ich mein Delegationskonzept entwickelte.

Sensibilisierung für Kontexte bedeutet also: Wir machen uns aufgeschlossen für das jeweils bedeutungsvolle zwischenmenschliche Feld, für Spielweisen und Spielwiesen, für Spiele und Spieler, die, wenn schon nicht gegenwärtig, doch stets mitzubedenken und mitvorzustellen sind. Was solches Mitbedenken und Mitvorstellen (oder Nicht-Mitbedenken oder Nicht-Mitvorstellen) für psychotherapeutisches Handeln bedeuten kann, illustriert vielleicht am deutlichsten ein Begriff, der (auch) als psychoanalytischer Schlüsselbegriff gelten darf: der des Widerstandes.

Der Begriff Widerstand ist der Newtonschen Mechanik entlehnt. Man denke an das 2. Newtonsche Gesetz: actio = reactio. Wir verbinden damit zumeist die Vorstellung einer Kraft, die sich einer anderen Kraft widersetzt, so wie dies etwa im Bereiche der Mechanik bei der Vorstellung eines Reibungswiderstandes der Fall ist. Auf die Situation der Psychoanalyse übertragen, läßt sich eine Kraft vorstellen, die ein Analysand aufbringt, um sich fälligen Veränderungen zu widersetzen. Diese Kraft kommt etwa in verschiedensten Abwehrmechanismen, aber auch in dem, was Übertragung genannt wird, zum Ausdruck. Auch das Festhalten an einem Symptom zeigt sich innerhalb solcher Sicht häufig als Ausdruck und Folge eines Widerstandes.

Erweitern wir indessen den Kontext über die psychoanalytische Zweierbeziehung hinaus und schließen wir darin das Partnersystem ein, kann sich ein dem Widerstand zugerechnetes Verhalten oder Symptom – sagen wir einmal die Migräne einer Ehefrau – als ein im ehelichen Problemsystem unentbehrlicher Distanzregulator darstellen. So erlaubt etwa solche Migräne der Frau, sich mit relativ gutem Gewissen – sie ist ja krank und leidet – den unerwünschten sexuellen Avancen ihres Partners zu entziehen, sich in einen verdunkelten Raum zurückzuziehen und sich von einer guten Freundin, die ebenfalls um die Zudringlichkeit der Männer weiß, trösten zu lassen. Aber weiter: Bleibt der relevante Kontext auf die psychoanalytische Zweierbeziehung beschränkt, werden darin nun auch Kausalbeziehungen in einer ganz bestimmten Weise festgeschrieben oder – wie es im familientherapeutischen Sprachgebrauch heißt – punktuiert. Dabei erweist sich der Psychoanalytiker zumeist als der stärkere Punktuierer. Das bedeutet: Der Widerstand wird häufig nur einem Beziehungspartner, eben dem Analysanden, zugeschrieben oder nun besser: angelastet. Die Rolle des Psychoanalytikers und des psychoanalytischen Settings bei Wahrnehmung, Beschreibung, Punktuierung, ja möglicherweise Erzeugung solchen Widerstandes bleibt (mehr oder weniger) unberücksichtigt. Dieser Tatbestand oder vielleicht richtiger: diese Sicht eines Tatbestandes veranlaßte schon vor Jahren Mara Selvini Palazzoli zu der Feststellung: Es gibt keinen Widerstand, es gibt nur (mehr oder weniger) inkompetente Therapeuten. Oder, wie es Steve de Shazer ausdrückt: Widerstand nennen wir das Kooperationsangebot des Klienten.

Wir können sagen: Je mehr wir uns für Kontexte sensibilisieren, um so mehr werden wir auch gewahr, wie problematisch es sein kann, ein bestimmtes Verhalten (so etwa eines, das wir Widerstand nennen) oder eine bestimmte Eigenschaft oder Diagnose einer Person zuzuschreiben, ohne dabei den – räumlichen, zeitlichen und zwischenmenschlich-situativen – Kontext zu berücksichtigen. Vielmehr gilt es nun, solches Verhalten, solche Eigenschaften, solche Diagnose zu »kontextualisieren«. Und das gilt nicht zuletzt für solche Eigenschaftszuschreibungen und diagnostischen Etiketten wie Psychose, Depression, Neurose, Borderline-Persönlichkeit und was auch immer. Beschreiben wir einen Klienten mit solchen Termini, dann blenden wir Kontexte aus. Wir blenden etwa aus, daß das, was als psychotisches Verhalten bezeichnet wird, von den Betroffenen zu unterschiedlichen Zeiten in sehr unterschiedlicher Weise oder gar nicht gezeigt wird. Und wir blenden aus, daß es auch in unterschiedlichen Beziehungskonstellationen in unterschiedlicher Weise in Erscheinung tritt. So machten wir in Heidelberg immer wieder die Erfahrung, daß ein sich im Spital total verrückt gebärdender Patient sich in einer Familiensitzung weitgehend unauffällig verhielt – oder auch (allerdings seltener) umgekehrt. Dasselbe trifft auch für globalisierende Charakterisierungen wie »der Vater ist dominant, die Mutter ist unterwürfig, die Tochter ist eigensinnig« etc. zu. Verwenden wir solche Attribute, dann blenden wir aus, daß sich die so Bezeichneten in unterschiedlichen räumlichen, zeitlichen und Beziehungskontexten schon durchaus anders gezeigt haben und daher auch zeigen könnten. Wir blenden etwa aus, daß ein als dominant beschriebener Vater gar nicht mehr so dominant wirkt, wenn ihn der gramverzehrte Blick seiner an Migräne leidenden Frau trifft. Da scheint dann seine ganze Dominanz hinzuschwinden. Eher trifft jetzt die Beschreibung »dominant« auf seine kranke, schwache Frau zu. Denn sie ist es, die nunmehr dominierend am längeren Arm des Schuldauslösungshebels sitzt.

Sicher: Für viele – auch diagnostische – Zwecke scheinen Eigenschaftszuschreibungen und diagnostische Etiketten, wie sie eben genannt wurden, kaum verzichtbar. In der systemisch- therapeutischen Arbeit indessen kann solche Kontextvergessenheit schlimme Folgen haben. Das war mit ein Grund dafür, daß Mara Selvini Palazzoli und ihre Mailänder Teammitglieder schon vor geraumer Zeit dazu übergingen, Beschreibungen wie »der Vater ist dominant, die Mutter ist unterwürfig etc.« aus ihrem Sprachgebrauch zu verbannen. Sie schrieben seither nur noch: Der Vater zeigt sich als dominant bzw. beschreibt sich als dominant, Mutter zeigt sich als unterwürfig bzw. wird so beschrieben« etc.

Die obigen Ausführungen zum Thema »Kontext« dürften verständlicher machen, warum der Begriff Kontext und dessen Derivate sich bei Familien- und systemischen Therapeuten einer hohen Beliebtheit erfreuen. Derzeit gibt es in den USA zwei familientherapeutische Schulen bzw. Ansätze, die sich »kontextuelle Therapie« nennen (die eine davon wird durch Ivan Boszormenyi-Nagy repräsentiert). Es gibt im deutschen Sprachbereich die Zeitschrift *Kontexte*, das offizielle Blatt der DAF, der Deutschen Arbeitsgemeinschaft für Familientherapie. Und in der von Josef Duss-von Werdt und mir herausgegebenen Zeitschrift *Familiendynamik* findet sich die Spalte »Kontextuelles«.

Allgemein läßt sich sagen: Lassen wir uns erst einmal für Kontexte sensibilisieren, dann erwachen wir – um mit Kant zu sprechen – aus unserem dogmatischen Schlummer. Und mit solchem Erwachen geht ein Gefühl der Befreiung einher. Man könnte auch von der Leichtigkeit des nunmehr entdinglichten Seins sprechen. Gleichzeitig tun sich neue Fragen auf. Und diese betreffen nun vor allem das Verhältnis von Individuum und Selbst zu System und Kontext.

Anmerkungen

[1] Lidz, T. (1973): Der gefährdete Mensch. Ursprung und Behandlung der Schizophrenie. Frankfurt (Fischer), 1976.

[2] Lidz, T./Fleck, S. (1965): Die Familienumwelt der Schizophrenen. Stuttgart (Klett-Cotta), 1979.

[3] Ackerman, N. (1958): The Psychodynamics of Family Life. New York (Basic Books).
– (1959): The Psychoanalytic Approach to the Family, in: Bloch, D./Simon, R. (Hrsg.): The Strength of Family Therapy. Selected Papers of Nathan Ackerman. New York (Brunner/Mazel).
– (1967): Family Psychotherapy and Psychoanalysis: Implications of Difference, *Family Process* 1, S. 30–43.

[4] Napier, A./Whitaker, C. (1978): Tatort Familie. Beispiel einer erfolgreichen Familientherapie. Düsseldorf (Diederichs), 1979.
Whitaker, C. (1975): Psychotherapy of the Absurd: With a Special Emphasis on the Psychotherapy of Aggression, *Family Process* 14, S. 1–16.

[5] Wynne L. C./Thaler Singer, M. (1965): Denkstörung und Familienbeziehung bei Schizophrenen. Teil I: Eine Forschungsstrategie. Teil II: Eine Klassifizierung von Denkformen. Teil III: Methode der Rorschach-Technik. Teil IV: Die Ergebnisse und ihre Bedeutung, *Psyche* 19, S. 81–160.

[6] Stierlin, H. (1972): Die Objektbeziehungen im Lebenslauf eines schizophrenen Vierlings, in: Von der Psychoanalyse zur Familientherapie. München (dtv), 1992, S. 89–106.

Rosenthal, D. (1963): The Genain Quadruplets. New York, London (Basic Books Inc.).

[7] Bowen, M. (1966): The Use of Family Theory in Clinical Practice, *Comprehensive Psychiatry* 7, S. 345–374.
– (1971/72): Toward the Differentiation of Self in One's Family of Origin, in: Andres, F./Lorio, J. (Hrsg.), in: Georgetown Family Symposia. Vol I. Washington, D. C. (Department of Psychiatry), 1974.
– (1978): Family Therapy in Clinical Practice. New York (J. Aronson).

[8] Stierlin, H. (1987): Ob sich das Herz zum Herzen findet. Ein systemisches Paar-Brevier. Reinbek (Rowohlt).

[9] Boszormenyi-Nagy, I./Spark G. (1973): Unsichtbare Bindungen. Die Dynamik familiärer Systeme. Stuttgart (Klett-Cotta), 1981.

[10] Sperling, E./Massing, A./Reich, G./Georgi, H./Wöbbe-Mönks, E. (1982): Die Mehrgenerationen-Familien-Therapie. Göttingen (Vandenhoeck & Ruprecht).

[11] Paul, N./Grosser, G. H. (1965): Operational mourning and its role in conjoint family therapy. *Community Mental Health Journal* 1, S. 339–345.

[12] Minuchin, S./Montalvo, B./Guerney, B./Rosman, B./Schumer, F. (1967): Families of the Slums. An Exploration of Their Structure and Treatment. New York (Basic Books).

[13] Minuchin, S./Rosman, B./Baker, L. (1978): Psychosomatische Krankheiten in der Familie, Stuttgart (Klett-Cotta), 1981.

[14] Satir, V. (1964): Familienbehandlung. Kommunikation und Beziehung in Theorie, Erleben und Therapie. Freiburg (Lambertus), 1973.

[15] Siehe dazu die Ausgabe des *Family Therapy Networker* vom Januar/Februar 1989, die Virginia Satir gewidmet ist.

[16] Gordon, L. (1989): Remembering Virginia, in: *Family Therapy Networker* Januar/Februar 1989, S. 28.

[17] Pittman, F. (1989): Remembering Virginia, in: *Family Therapy Networker* Januar/Februar 1989, S. 34.

[18] Bateson, G. (1972): Ökologie des Geistes. Frankfurt (Suhrkamp), 1981.
– (1979): Geist und Natur. Eine notwendige Einheit. Frankfurt (Suhrkamp), 1982.
– Bateson, G./Bateson, M. C. (1987): Wo Engel zögern. Unterwegs zu einer Epistemologie des Heiligen. Frankfurt (Suhrkamp), 1993.

[19] Haley, J. (1986): The Power Tactics of Jesus Christ. And Other Essays. New York (W. W. Norton & Co.), S. 5–18.

[20] Lipset, D. (1980): Gregory Bateson. The Legacy of a Scientist. A Bio-

graphy by David Lipset. Englewood-Cliffs (Prentice-Hall International).

21 Simon, F. B. (1988): Unterschiede, die Unterschiede machen. Klinische Epistemologie: Grundlagen einer systemischen Psychiatrie und Psychosomatik. Berlin, Heidelberg, New York, London, Paris, Tokio (Springer Verlag).

22 Simon, F. B./Weber, G. (1993): Systemische Spieltherapie I. Zur Theorie systemischen Intervenierens. Post aus der Werkstatt, *Familiendynamik* 18, S. 73–81.

23 Siehe Anm. 8.

24 Zeig, J. K/Gilligan, S. G. (Hrsg.) (1990): Brief Therapy. Myths, Methods, and Metaphors. New York (Brunner/Mazel).

5. Kontext und Selbst

Das Selbst ein epistemologisches Ungeheuer?

Im sechsten Jahrgang der Zeitschrift *Family Process* erschien von Don Jackson ein Aufsatz mit dem Titel »The Individual and the Larger Contexts« [1] (Das Individuum und die größeren Kontexte). Er kündigte eine neue Ära in der Psychiatrie und den ihr verwandten Disziplinen der Psychologie, Sozialarbeit, Anthropologie und Soziologie an. Sie sei durch eine neue Sicht des Individuums gekennzeichnet. Dieses lasse sich nicht mehr getrennt von größeren Systemen, insbesondere aber der Familie, untersuchen.

Das ergab sich fast zwangsläufig aus den Vorstellungen einer zwischenmenschlichen Kybernetik. Darin verlor nun das, was gewöhnlich unter Individuum, Ich und Selbst verstanden wird, zunehmend seinen Platz, seine Funktion, seinen Anspruch. In der Kybernetik war nicht mehr die Rede von Individualität, Ich oder Selbst, höchstens noch von Regelung, Steuerung und freiem Eingang.

Andere Psychiater hatten sich schon ähnlich geäußert. So hatte Harry Stack Sullivan schon 1950 von der »Illusion der persönlichen Individualität« [2] gesprochen. Solche Individualität verflüchtigte sich für ihn gleichsam in der Dynamik wechselwirkender zwischenmenschlicher Prozesse.

In ähnlicher Weise verflüchtigten sich für den Soziologen Niklas Luhmann Individuen oder ganze Menschen als Elemente sozialer Systeme. Diese Elemente sind für ihn Kommunikationen. Das ergab sich für ihn aus einer Sicht, die psychische und biologische Prozesse als Umwelten des sozialen Systems wahrnimmt. [3] Aber es blieb wohl Bateson vorbehalten, diese Sicht auf den Punkt zu bringen. Er schrieb: »Ziehen wir innerhalb eines größeren Systems eine Grenzlinie um einen kleineren Teil, der überwiegend für dessen Steuerung und Berechnung (Computation) verantwortlich ist, dann schaffen wir ein mythisches Wesen. Dieses Wesen nennen wir gewöhnlich ein ›Selbst‹. In meiner Epistemologie zeigt sich der

Begriff des Selbst gleich anderen künstlichen Setzungen, welche Systeme oder Teile von Systemen abgrenzen, als Merkmal einer gegebenen Kultur – und keinesfalls als etwas zu Vernachlässigendes, da solche kleinen epistemologischen Ungeheuer immer die Tendenz haben, zu Kristallisationspunkten für Pathologie zu werden. Die willkürlich gesetzten Grenzen, die der Analyse von Daten nützlich waren, stecken nun allzu leicht die Fronten für Schlachtfelder ab, über die hinweg nun Feinde getötet und Umwelten ausgebeutet werden.«[4]

Aber so sehr auch Bateson vor dem »Selbst« genannten epistemologischen Ungeheuer warnen mochte, seine Warnung zeigte kaum Wirkung. Denn alle Versuche, das Selbst aus dem sozial-psychologischen und damit auch psychotherapeutischen Diskurs zu verbannen, stellten sich, so zeigt es sich uns heute, als illusionär heraus. Im Gegenteil. Trotz oder wegen solcher Versuche kam dem Individuum und Selbst eher eine vermehrte und z. T. neue Bedeutung zu. Ja, es eröffnete sich dem Blick eine Dialektik, worin nun Kontext und System auf der einen und Individuum und Selbst auf der anderen Seite die Momente darstellen, die sich gegenseitig in einem nicht abreißenden Prozeß bedingen und hervorbringen.

Dazu müssen wir uns vergegenwärtigen: Es obliegt letztlich einem Subjekt, Individuum oder auch Selbst, Kontexte zu markieren, Problemsysteme wahrzunehmen und zu definieren und überhaupt Systeme von Umwelten abzugrenzen.

Es war nicht zuletzt Bateson selbst, der, indem er vor Kontextvergessenheit warnte, das Subjekt als Kontextmarkierer, Kontextwähler, Kontextgestalter, ja Kontextmanipulator inthronisierte. Man kann sagen: In dem Maße, wie eine Person Kontexte zu markieren, zu konstruieren und anderen Personen gegenüber durchzusetzen vermag, erweist sie sich als mächtig, oder wie ich das schon 1959[5] ausdrückte, als die Person mit der stärkeren Wirklichkeit. Und solche Person kann die Wirklichkeit zum Schillern bringen, indem sie mit Kontexten jongliert, sie unbestimmt sein läßt oder gleichsam gegeneinander ausspielt. Wie das geschehen kann, veranschaulichten Bateson und Mitglieder der Palo Alto-Gruppe nicht zuletzt an dem von Bateson entwickelten Konzept des double-bind, das von mir als Beziehungsfalle ins Deutsche übersetzt wurde. [6]

Double-binds, so kann man sagen, sind Ausdruck und Folge eines kontextuellen Verwirrspieles. Es werden auf unterschiedlichen Kommunikationsebenen, z. B. einer verbalen und nicht-verbalen Ebene, widersprüchliche Botschaften gegeben, ohne daß deutlich würde, welche Botschaft bzw. welcher Kontext Vorrang hat. So weckt etwa eine kontakthungrige Mutter ihr Kind mehrfach nachts auf, um sich von diesem seelisch wärmen zu lassen. Sie gibt dem Kind zu verstehen, sie wecke es nur auf, weil sie so fürsorglich an es denke, ja es ganz besonders liebe. Das Kind steckt nun so lange in der Beziehungsfalle, als es nicht riskieren kann, das Feld, das heißt den von der Mutter gesponnenen »Liebeskokon« zu verlassen, und auch nicht in der Lage oder willens ist, der Widersprüchlichkeit der von der Mutter ausgehenden Botschaften inne zu werden, das heißt, diesen gegenüber eine Metaposition einzunehmen. [7]

Von der Kybernetik erster Ordnung zur Kybernetik zweiter Ordnung

Je vielfältiger sich aber innerhalb der pluralistischen Postmoderne Kontexte bzw. Systeme anbieten, um so mehr sieht sich das Individuum als aktiver Markierer, Unterscheider wenn nicht Konstrukteur eines bestimmten Kontexts oder Systems herausgefordert. Und in dem Maße, wie nun dessen aktive, unterscheidende, konstruierende Funktion ins Blickfeld gerät, verändert sich auch unser Verständnis von Kybernetik. Die Kybernetik zweiter Ordnung (second order cybernetics) löst die Kybernetik erster Ordnung ab. In der Kybernetik zweiter Ordnung spiegelt sich nunmehr zum einen die Bedeutung des radikalen Konstruktivismus und zum anderen, damit eng verbunden, die Bedeutung wie Problematik der noch weiter wachsenden postmodernen Perspektivenvielfalt wider.

Der radikale Konstruktivismus, vertreten etwa durch Ernst von Glasersfeld [8] und Heinz von Förster [9], sensibilisierte uns dafür, daß Erkenntnis immer an die Erkenntniswerkzeuge und -möglichkeiten gebunden bleibt, die uns unsere Biologie, Kultur und die dadurch geformte Sprache vorgeben. Die postmoderne Perspektivenvielfalt zeigt indessen, daß auch innerhalb der so gesetzten Grenzen vielfältige Optionen für die Konstruktion von Erkenntnis und damit für Sinnstiftung und Handlungsanleitung bestehen. Zugleich verdeutlicht sich dadurch, wie wichtig, aber auch wie schwierig es sein kann, angesichts solcher Optionenvielfalt den jeweils für ein Zusammenleben und gemeinsames Handeln nötigen Konsens zu finden, oder, falls dies nicht möglich sein sollte, mit Dissens zu leben.

Wir können nun sagen: Es bedarf einer ganz bestimmten Art von Selbst, das diesen Herausforderungen – aktiv und selektiv Kontexte zu markieren, Optionen zu ergreifen und dabei konsenswillig und dissensfähig zu bleiben – gewachsen ist. Und es wäre dann auch dieses Selbst, das es durch unsere therapeutischen und/oder beraterischen Interventionen anzusprechen und zu stärken gilt.

So erscheint es kaum verwunderlich, daß sich in den letzten Jahrzehnten auch außerhalb der systemisch inspirierten Postmoderne ein enormes Interesse auf das Selbst – seine Struktur, seine Funktionen, seine Entstehung, seine Interaktion mit der Umgebung – richtete. Man denke etwa an die von dem Psychoanalytiker Heinz Kohut[10] initiierte Selbstpsychologie, die uns Begriffe wie Selbstobjekt und Größenselbst bescherte, oder an die Studien eines Daniel Stern[11] zur psychologischen Entwicklung des Säuglings, in deren Mittelpunkt die Entwicklung von dessen Selbstempfinden steht; oder auch an die Beobachtungen, die der amerikanische Sozialpsychologe Kenneth Gergen in seinem kürzlich erschienenen Buch *The Saturated Self* zusammenträgt.[12] Darin zeigt sich die Selbstübersättigung als Ausdruck und Folge einer postmodernen Kontext- und Perspektivenüberflutung.

So sollte es auch kaum verwundern, daß sich das Wort »Selbst«, in der einen oder anderen Umformung oder Erweiterung, in der psychologischen Literatur fast inflationär ausgebreitet hat. Als ich in den letzten Monaten und Jahren mit Gedanken an dieses Buch beschäftigt war, stieß ich bei meiner Lektüre etwa auf Begriffe wie das »existentielle Selbst«, das »bioenergetische Selbst«, das »transzendente Selbst«, das »Kernselbst« wie auch das »Randselbst«, das »Tiefenselbst«, das »Ökoselbst«, das »Atmungsselbst« (dies auch der Titel eines Buches), ja (bei William James), auf das »Selbst der Selbste«[13] und viele andere mehr. So wie von einem Auswuchern der psychotherapeutischen Schulen und Modelle läßt sich von einem Auswuchern der Beschreibungen des Selbst sprechen, die von den einzelnen Schulen geliefert werden.

Es stellt sich nun die Frage: Läßt sich angesichts solchen Pluralismus der Selbstmodelle auch von so etwas wie einem systemischen oder systemisch inspirierten Modell des Selbst sprechen? Und könnte dies ein Modell sein, das einer Kybernetik zweiter Ordnung entspräche, ein Modell, das, wenn wir so wollen, uns weder in Kontextvergessenheit versinken noch uns in Kontextbesessenheit verrennen läßt? Ich möchte dieser Frage im folgenden nachgehen und dazu noch einmal bei Batesons Kritik am Selbst ansetzen.

Bateson bezeichnet darin das Selbst als eine künstliche Setzung, oder, wenn man nun so will, als ein (sprachliches) Konstrukt. Als solches ist es nicht weniger Konstrukt als etwa das Konstrukt »Liebe«, das Konstrukt »Gerechtigkeit« oder das Konstrukt »Kontext«. Alle derartigen Konstrukte verdanken sich einem auswählenden und markierenden Subjekt oder Konstrukteur, dessen Konstruktionsmöglichkeiten von Fall zu Fall größer oder geringer sein können, in jedem Falle aber durch Biologie, Kultur und die durch beide geformte Sprache begrenzt werden.

Um Möglichkeiten und Grenzen eines Konstruktes wie »Selbst« genauer zu erfassen, bieten sich einige Unterscheidungen an, die Arnold Retzer[14] vorgeschlagen und näher begründet hat. Mit diesem Autor läßt sich sagen: Ein Konstrukt wie das Selbst kann dazu dienen, etwas zu beschreiben, etwas zu erklären und etwas zu bewerten.

Beschreiben hieße hier: Es werden Leitunterschiede eingeführt oder impliziert, in unserem Falle der Leitunterschied Selbst-Nicht-Selbst. Erklären bedeutete: Das durch (implizite oder explizite) Unterschiede Beschriebene wird in einen Zusammenhang gebracht, der einem Ansprechpartner oder einer Kommunikationsgemeinschaft einleuchtet. Es werden etwa Ursprünge und Entwicklungslinien aufgezeigt, Kausalbeziehungen hergestellt, eine

Geschichte erzählt. Bewerten schließlich hieße: Das derart Beschriebene und Erzählte wird (wieder implizit oder explizit) mit Werten besetzt. Es wird etwa positiv als aktiv, stark und schön oder negativ als passiv, schwach und häßlich bewertet. Und dies auch entweder eher offen und direkt durch wertende Worte oder eher verdeckt und indirekt durch das die Worte begleitende Mienenspiel.

Beschreibung, Erklärung und Bewertung eines Phänomens (oder hier: Konstruktes) lassen sich oft nicht im einzelnen von einander trennen. Dennoch erweist sich solche Unterscheidung als nützlich.

So beschreiben wir das, was wir Selbst nennen, indem wir es von einem Nicht-Selbst abgrenzen. Je nach theoretischer Ausgangsposition kann diese Abgrenzung Unterschiedliches ein- oder ausschließen, so etwa das, was im Einzelfall auch Ich, Individuum oder Subjekt genannt wird. Wesen, Funktion und Wirkungsweise eines so abgegrenzten Selbst erklären wir uns dann, indem wir seine Interaktionen mit anderen Phänomenen bzw. Konstrukten hervorheben und dabei Kausalbeziehungen herstellen, Entwicklungen aufzeigen oder Geschichten erzählen. Gleichzeitig bewerten wir zumeist das so in den Blick Gebrachte.

Schon diese Andeutungen lassen erkennen, daß Beschreibung, Erklärung und Bewertung des Konstruktes Selbst keinesfalls problemlos sind. Ja, sie könnten Batesons Warnung, dieses Konstrukt sei ein gefährliches Monstrum, durchaus berechtigt erscheinen lassen.

Problematische Aspekte des Konstruktes Selbst

Beginnen wir, um uns das zu verdeutlichen, mit den Grenzen zwischen Selbst und Nicht-Selbst. Diese lassen sich in nicht wenigen Situationen nur schwer, wenn überhaupt ziehen. Bateson illustriert dies am Beispiel des Phantomschmerzes: Ein fehlendes Glied des Körpers – zum Beispiel ein Arm oder Bein – wird, wie aus der Medizin bekannt, unter Umständen weiterhin als (schmerzender) Teil des Selbst wahrgenommen. Oder er verweist auf den

Holzhacker, der einen Baum fällt. Wo sind hier die Grenzen des Selbst? In den Spitzen der Finger, die die Axt umgreifen, im Ende der Axt oder in dem Baum, der durch seine sich verändernde Lage immer wieder neu bestimmt, wo Finger und Axt anzusetzen haben?

Die Grenzziehung zeigt sich noch problematischer, geht es nicht um das körperliche, sondern das psychische Selbst, jenes Selbst, das unseren Selbstwert und unser Empfinden von Identität und Integrität begründet. Dieses psychische Selbst vermag beispielsweise ein neues Auto so zu vereinnahmen bzw. zu verselbsten, daß ein Kratzer daran wie ein Kratzer am Körper erlebt wird. Er löst ähnliche Gefühle von Verletztheit, von Betroffenheit, ja möglicherweise Empörung aus. Aber mehr noch als materieller kann ideeller Besitz vom Selbst vereinnahmt werden und nun diesem dazu dienen, sich gleichsam zum Größenselbst aufzupumpen. Dieses aufgepumpte Selbst leidet oder triumphiert nun, wenn die eigene Familie, der eigene Fußballclub, die eigene Partei, die eigene Nation verliert oder gewinnt. Das nationalistisch aufgepumpte Selbst kann – wie etwa bei vielen Deutschen zur Zeit des Nationalsozialismus – weit in die Geschichte zurückgreifen, um sich an den (wirklichen oder vermeintlichen) Erfolgen der alten Germanen, der mittelalterlichen deutschen Kaiser, der nordischen Rasse, der Arier zu berauschen und sich damit noch weiter aufzupumpen. Mit anderen Worten: Es kann geschichtliche Prozesse so beschreiben, erklären und bewerten, daß das nationale Selbst als Gewinner dasteht. Aber das national aufgeblähte Selbst vermag auch, falls es die Umstände verlangen, wieder zu schrumpfen: So entledigten sich, als Deutschland besiegt war und die Nazigreuel bekannt wurden, viele von Scham geplagte Deutsche wieder ihres patriotisch aufgeblähten Deutschtums, und sie betrachteten ihre Geschichte wieder anders und nüchterner. Sie sagten: »Das waren nicht wir, das gehörte nicht zu unserem wahren Selbst, wir waren eher Opfer als Gestalter geschichtlicher Prozesse.«

Aufblähung und Schrumpfung kennzeichnen nicht nur das patriotische/nationalistische Selbst, sie kennzeichnen auch das, was wir das Familienselbst nennen können (und später noch näher betrachten werden). Auch hier zeigt sich ein weiter Spielraum für

Grenzziehungen. Die Grenzen lassen sich so weit ausdehnen, daß darin die Mitglieder der Großfamilie, des Clans, einer so oder so definierten Gemeinde Platz finden. So Jesus: »Was ihr getan habt einem unter diesen meinen geringsten Brüdern, das habt ihr mir getan.« Das in den Köpfen einzelner Mitglieder errichtete Familienselbst vermag aber auch so zu schrumpfen, daß nächste Angehörige ausgeschlossen werden, zu Fremden werden, nicht mehr der Familie angehören.

Macht aber das – sei es aufgeblähte, sei es geschrumpfte – Selbst erst seine Grenzen dicht, dann sind, und darin ist Bateson recht zu geben, bald die Voraussetzungen geschaffen, um, wenn es sein muß, Feinde festzumachen, zu bekämpfen und möglicherweise auch zu töten. Das können Außenfeinde sein, die sich das patriotische, das Clan- oder Familienselbst jeweils konstruiert. (Man denke an die patriotisch aufgeblähten serbischen, bosnischen und kroatischen Selbste, die sich, während ich dies schreibe, ein grausames Gemetzel liefern.) Das Subjekt vermag sich aber auch den Feind im Inneren – das heißt in sich selbst – zu konstruieren und zu bekämpfen. So etwa die Anorektikerin, die einen Anteil ihrer selbst, der sich als körperliches Bedürfnis, als Hunger zum Ausdruck bringt, zum Feind erklärt und unerbittlich bekämpft – und sich damit schließlich, im Falle eines totalen Sieges, auch selbst zerstört.

Es zeigt sich: Ein Selbst, genauer: ein Konstrukt, das wir Selbst nennen, vermag sich durchaus zu einem epistemologischen Monster und Kristallisationspunkt für Pathologie zu entwickeln – und dies um so eher, als man davon ausgeht, es könne nur ein wahres oder falsches, gutes oder böses Selbst mit jeweils unverrückbar festgelegten Grenzen geben.

Es zeigt sich ebenfalls: Kaum ein Konstrukt scheint wie das Selbst dazu angetan, Verwirrung und Widersprüchlichkeit zu stiften. Denn es handelt sich dabei um ein Konstrukt, bei dessen Beschreibung wir als Beschreiber immer wieder auf ein anderes problematisches Konstrukt, nun Individuum, Subjekt, Ich oder eben auch wieder Selbst genannt, zurückgreifen müssen.

Aber weiter: Sprechen wir von einem Selbst, dann suggeriert der alltägliche Sprachgebrauch nicht zuletzt ein Objekt, ein Ding.

Aber eben ein Ding, das, bleiben wir bei solchem Sprachgebrauch, sich keinesfalls dinghaft verhält.

Denn wir verstehen unter diesem Selbst (auch) etwas, das absichtsvoll handelt, das fühlt, das auswählt, das entscheidet und (neben vielem anderen mehr) auch Kontexte markiert oder ausblendet. Mehr noch: Dieses Selbst vermag sich darüber hinaus von dem, was es beabsichtigt, was es fühlt, was es bewertet, was es eingrenzt oder ausgrenzt, so beeinflussen zu lassen, daß es sich als beschreibendes, erklärendes, wertendes Selbst unversehens wandelt. Wir sprechen dann auch von Selbstreferenz. Sprechen wir etwa von einem wahren Selbst als jener inneren Basis und Instanz, die uns angesichts all des Wandels um uns und mitunter auch in uns, einen festen – ja möglicherweise den festestmöglichen – Grund und Halt im Flusse des Wandelbaren verspricht, dann zeigt sich nunmehr auch dieser Halt bedroht und schwankend.

Und dennoch: Trotz oder wegen der angedeuteten Gefahren und Widersprüche läßt sich, so meine ich, auf ein Konstrukt wie Selbst nicht verzichten. Und das erweist nicht zuletzt die psychotherapeutische Praxis. Nicht zuletzt von dieser Praxis ist daher auch zu erwarten, daß sie sowohl Chancen als auch Schwierigkeiten in den Blick bringt, die sich mit der Verwendung des Konstruktes »Selbst« ergeben und daß sie, damit einhergehend, einsichtig macht, wie die sich auf Individuum und System, Selbst und Kontext richtenden Sichten nicht gegenseitig ausschließen, sondern einander bedingen und ergänzen.

Um das zu verdeutlichen, wende ich mich zunächst der Person zu, die – wiederum mehr durch ihre Praxis als durch ihre Schriften – zum Verständnis dieses Tatbestandes beitrug: Milton Erickson.

Anmerkungen

[1]   Jackson, D. D. (1967): The Individual and the Larger Contexts. *Family Process* 6, S. 139–147.

[2]   Sullivan, H. S. (1950): The Illusion of Personal Individuality. *Psychiatry* 13, S. 317–332.

[3]   Luhmann, N. (1984): Soziale Systeme. Frankfurt (Suhrkamp).

4   Bateson, G. (1977): The Birth of a Matrix or Double-Bind and Epistemology, in: Berger, M. (Hrsg.): Beyond the Double-Bind. New York (Brunner/Mazel), S. 53.

5   Stierlin, H. (1959): The Adaptation to the ›Stronger‹ Person's Reality. *Psychiatry* 22, S. 143–152.

6   Bateson, G.: Vorstudien zu einer Theorie der Schizophrenie, in (1981): Ökologie des Geistes. Frankfurt (Suhrkamp), S. 270–301.

7   Bateson und Mitglieder der Palo Alto-Gruppe meinten zunächst, derartige double-binds könnten, kämen sie nur tiefgreifend und anhaltend genug zur Wirkung und veranlaßten auch das Opfer – in diesem Falle das Kind – zu ähnlich doppelbindendem Verhalten, zu schizophrenen Störungen führen. Später, als das double-bind-Konzept schon in psychiatrischen Zirkeln Furore gemacht hatte und dazu inzwischen viele Hunderte von Arbeiten erschienen waren, gab Bateson diese Vorstellung auf. Double-binds führten, so meinte er nun, nicht notwendigerweise zu einer Schizophrenie. Sie konnten auch den Nährboden für Kreativität abgeben. Diese Thematik hat Lymann Wynne in seinem Aufsatz »Über Qual und schöpferische Leidenschaft im Banne des double-bind – eine Neuformulierung« behandelt, der 1976 im ersten Heft der Zeitschrift *Familiendynamik* erschienen ist.

8   Glasersfeld v., E. (1992): Das Ende einer großen Illusion, in: Fischer, H. R./Retzer, A./Schweitzer, I. (Hrsg.): Das Ende der großen Entwürfe. Frankfurt (Suhrkamp).

9   Förster v., H. (1972): Sicht und Einsicht. Braunschweig (Vieweg).

10 Kohut, H. (1977): The Restauration of the Self. New York (International Universities Press).
    – (1971): Narzißmus. Eine Theorie der psychoanalytischen Behandlung narzißtischer Persönlichkeitsstörungen. Frankfurt (Suhrkamp), 1976.

11 Stern, D. (1986): Die Lebenserfahrung des Säuglings. Stuttgart (Klett-Cotta), 1992.

12 Gergen, J. K. (1991): The Saturated Self. Dilemmas of Identity in Contemporary Life. New York (Basic Books).

13 James, W. (1950): Principles of Psychology I. New York (Mineola), S. 303.

14 Retzer, A. (1994): Familie und Psychose. Stuttgart (G. Fischer).

6. Ausblicke auf das Selbst

Milton Erickson

Erickson starb vor etwa 15 Jahren. Seither wird er vielerorts als Legende verklärt. Derzeit gibt es wohl kaum einen Autor im Psychobereich, von dem und über den so viel publiziert wurde und wird wie über ihn. Er zeigt sich uns als vielleicht wichtigste Schlüsselfigur der psychotherapeutischen Postmoderne.

Ein Vergleich zwischen Freud und Erickson liegt nahe. Er läßt sowohl Gemeinsamkeiten als auch Unterschiede erkennen. Beide brachten sie das medizinische bzw. psychiatrische Establishment gegen sich auf. (So drohte Erickson längere Zeit der Ausschluß aus der Amerikanischen Medizinischen Gesellschaft). Beide werden indessen von einer wachsenden Schülerschar und Gefolgschaft verklärt. Beide knüpften an eine – wenn auch in einer Außenseiterrolle erscheinende – Tradition der medizinischen Hypnose an. Und beide stimmten sich dabei auf das ein, was sich als die jeweils unbewußte Motivations- und Konfliktdynamik ihrer Klienten beschreiben läßt. Beide ähneln sich auch in ihrer Arbeitsdisziplin und Arbeitsintensität. So hatten beide lange Arbeitstage. Freud beendete die Arbeit mit Patienten zumeist erst um zehn Uhr abends, um anschließend seine riesige Korrespondenz zu erledigen. Von Erickson heißt es in der Beschreibung Jay Haleys: »Er hatte zwei Tätigkeitsfelder: Hypnose und Therapie. Der Mann arbeitete als Therapeut zehn Stunden am Tag, sechs oder sieben Tage die Woche. Er begann um sieben Uhr morgens und hörte oft um elf Uhr abends auf. An jedem Wochenende sah er entweder Patienten, oder er reiste herum, um zu unterrichten.«[1] Und in den Worten Jeffrey Zeigs, des jetzigen Präsidenten der Milton-H.-Erickson-Stiftung: »Er war ständig bei der Arbeit, war ständig Milton Erickson. Das bedeutete, er ließ sich auf die tiefstmögliche Erfahrung mit der Person ein, die gerade bei ihm saß. In diesem Sinne war er ständig hypnotisch, ständig therapeutisch, ständig Lehrer.«[2] Und beide – Freud und Erickson – hätten wohl von sich sagen können: »Das

Moralische versteht sich von selbst«, das heißt, beide beeindruckten Außenstehende als in sich selbst ruhende und von sich selbst zutiefst überzeugte Persönlichkeiten mit klaren Wertvorstellungen.

Aber hier enden die Gemeinsamkeiten und beginnen die Unterschiede. Während Freud die von ihm anfänglich praktizierte hypnotische Behandlung verwarf, um die Psychoanalyse an deren Stelle treten zu lassen, modifizierte und verfeinerte Erickson sein hypnotisches Vorgehen bis an sein Lebensende. Während Freud dazu neigte, das Unbewußte eher negativ zu bewerten – das heißt als Ort ungezügelter und potentiell destruktiver Triebbedürfnisse, sah Erickson das Unbewußte eher positiv als Quelle von konstruktiven Energien, Ressourcen, Kreativität und Lösungsmöglichkeiten für anstehende Probleme. Wo Freud gleichsam Heilung durch Einsicht und Bewußtmachung anstrebte (»Wo Es war, soll Ich werden«), wollte Erickson Heilung eher durch Ausschalten von Bewußtheit und Rationalität (so etwa durch Verwirrungstechniken, die Bewußtheit und Rationalität gleichsam überrumpeln) erreichen. Während sich bei Freud, mehr aber noch bei seinen Schülern, die Vorstellung von der Psychoanalyse als einem lehr- und lernbaren Standardverfahren durchzusetzen begann, läßt sich bei Erickson und nicht wenigen seiner Schüler kaum Entsprechendes feststellen. Während sich bei Freud, mehr aber noch bei seinen Schülern, die Tendenz zeigte, die Zahl der als notwendig erachteten therapeutischen Sitzungen immer länger werden zu lassen, zeigt sich bei Erickson und dessen Schülern ein eher gegenläufiger Trend. Erickson konnte wohl in Einzelfällen, wenn er es für notwendig erachtete, viele Stunden, ja manchmal auch Tage auf einen Patienten verwenden, orientieren wir uns indessen an dem von W. H. O'Hanlon und A. L. Hexum herausgegebenen Buch *An Uncommon Casebook. The Complete Clinical Work of Milton H. Erickson*[3], das einen Abriß aller Fälle – insgesamt 316 an der Zahl – enthält, über die Erickson schriftlich oder mündlich berichtet hat, dann zeigt sich im ganzen ein Trend zu vergleichsweise wenigen – häufig weniger als fünf – Sitzungen, und das selbst bei schwer und anhaltend gestörten Klienten.

Erickson wird heute von verschiedenen therapeutischen Schulen als Guru reklamiert, so etwa von Jungianern, neurolinguistischen

Programmierern, Verhaltenstherapeuten und nicht zuletzt von systemischen und Familientherapeuten.

Gerade letztere können dafür gute Gründe anführen: Erickson unterhielt schon früh Kontakte zur Palo Alto-Gruppe. In der ersten, 1962 erschienenen Nummer der Zeitschrift *Family Process,* der weltweit ersten und wohl noch immer bedeutendsten Zeitschrift für Familienforschung und -therapie, ist Erickson bereits mit einem Aufsatz über »The Identification of a Secure Reality« [4] vertreten. Er beeinflußte Bateson, aber mehr noch Jay Haley, der viele Interviews mit Erickson führte, die von Haley transkribiert und inzwischen auch veröffentlicht wurden. Hier interessiert uns Erickson in erster Linie als ein Therapeut, der sich systemisch inspiriert und systemisch anregend zeigt und doch ganz überwiegend mit Individuen arbeitete. Dabei zeigt sich uns Erickson weniger als Theoretiker denn als Praktiker, der es verstand, einen immer wieder neuen Zugang zu dem Menschen zu finden, mit dem er es gerade zu tun hatte. In der Folge haben dann nicht wenige seiner Schüler versucht, das – wirkliche oder vermeintliche – von Erickson hinterlassene Theorievakuum zu füllen.

Bei der Einstimmung auf seine Klienten machte sich Erickson offenbar seine eigenen Behinderungen zunutze, die beträchtlich waren: Er war durch Poliomyelitis wiederholt gelähmt, ja in Lebensgefahr gebracht worden. Als Jugendlicher soll er gehört haben, wie der behandelnde Arzt zu seiner Mutter sagte, er sehe für den Jungen keine Überlebenschancen mehr. Das habe bei Erickson dazu geführt, daß er feinste Antennen für die Motivationsdynamik seiner Klienten zu entwickeln vermochte. Er war auch weitgehend farbenblind – er konnte nur lila wahrnehmen – und konnte auch kaum musikalische Töne unterscheiden.

Man kann sagen: Es kennzeichnet Erickson, daß er wie wohl kaum einer vor ihm therapeutisches Vorgehen individualisierte. Jeder Fall schien ihm einen anderen Zugang zu fordern. Das vermittelte sich mir etwa während eines Seminars mit Studenten, dessen Basistext das bereits genannte *Uncommon Casebook* bildete. Das Seminar sollte dazu dienen, anhand der berichteten 316 Fälle die Leitlinien von Ericksons Vorgehen zu erarbeiten. Das aber stellte sich als schwierig, ja kaum lösbar heraus – eben weil Erickson in jedem einzelnen Falle unterschiedlich vorgegangen zu sein schien.

Im Lichte solcher Individualisierung der Therapie kann man auch verstehen, daß Erickson in vielen Fällen ohne Hypnose oder Tranceinduktion auskam und daß er, wo er diese anwendete, dies in jeweils unterschiedlicher Weise tat. Dabei bot er auch schon lange nicht mehr das noch vielerorts gehegte Bild eines autoritär, wenn nicht schamanenhaft auftretenden und eine Aura um sich verbreitenden Hypnotiseurs. Erickson, so läßt sich sagen, entzauberte und demokratisierte die Hypnose. Sie schlich sich bei ihm und seinen Klienten gleichsam wie auf leisen Sohlen ein.

Auch wenn es schwerfällt, bei Erickson eine sein Vorgehen anleitende Theorie ausfindig zu machen, können wir uns doch, so meine ich, solcher Theorie annähern. Und im Zentrum solcher Theorie zeigt sich mir nun ein systemisch inspiriertes Modell des Selbst oder genauer: zeigen sich mir Ansätze nicht nur zu einem Modell, sondern zu einer Mehrzahl von Selbstmodellen.

Im folgenden möchte ich diese Ansätze mit Blick auf einige ihrer Implikationen für Psychotherapie und Beratung skizzieren, wie diese sich nicht zuletzt in der Arbeit unseres Heidelberger Teams verdeutlichen. Es geht im einzelnen um sechs Selbste, die ich wie folgt benennen möchte:

1. Das identitätsverbürgende Selbst
2. Das Selbst als Subjekt und Objekt von Geschichten
3. Das Selbst als Entdecker und Initiator von Überlebensoptionen
4. Das Selbst verstanden als inneres Parlament
5. Das Ressourcenselbst
6. Das Familien- und Gemeinschaftsselbst

Wie gesagt, es handelt sich um Modelle bzw. Perspektiven oder Konstrukte, die jeweils unterschiedliche, aber für die psychotherapeutische Praxis relevante Aspekte in den Blick bringen.

1. Das identitätsverbürgende Selbst

Dieses Selbst lernten wir bereits als eines kennen, das seine (psychischen) Grenzen verändern, das sich aufblähen und schrumpfen kann.

Es ist nicht zuletzt dieses Selbst, das für unser Begreifen eine Herausforderung bedeutet. Denn damit wir uns sicher und anhaltend in einer – unserer – Identität aufgehoben fühlen können, müssen wir dieses Selbst gleichsam in Kontextvergessenheit konstruieren.

Wir sprechen hier von einem verläßlichen Selbstempfinden oder Gefühl der persönlichen Identität. Solch Identitätsgefühl zeigt sich uns gleichsam als Ausdruck und Folge einer Dauerkonstruktion eines Selbst, die nur um den Preis einer Dauerausblendung von zeitlichen und situativen Kontexten möglich scheint. Als Dauerkonstrukteur eines Selbst – meines Selbst – bin ich beispielsweise jetzt 67 Jahre alt. Vor kurzem traf ich einen Studienfreund aus meiner Heidelberger Studienzeit, den ich seither nicht mehr gesehen hatte. Er erkannte mich nicht mehr. Ich hatte damals weder Brille, noch graue Haare, noch Gesichtsfalten. Ich dagegen erlebte mich – oder eben auch: konstruierte mich – als noch weitgehend denselben, der ich vor 45 Jahren gewesen war – obschon die Moleküle, die die Substanz meines Körpers ausmachen, sich etwa alle fünf Jahre total erneuert hatten. Und das gelang mir nur, indem ich mich weitgehend wie jener Mann verhielt, der händeklatschend durch eine Großstadt wandelte und von einem Passanten angesprochen wurde: »Mann, warum klatschen Sie denn immer mit den Händen?« Dessen Antwort war: »Um die wilden Elefanten zu vertreiben.« Darauf der Passant: »Aber hier gibt es doch keine Elefanten«. Darauf der Mann: »Eben darum.«[5]

Mit anderen Worten: Auch ich betätigte mich als ein sich rekursiv selbst bestätigender Kontextausblender, dessen Operationen darauf abgestellt waren, nur das wahrzunehmen und Bestand haben zu lassen, was mich als ein vom jeweiligen räumlichen und zeitlichen Kontext unabhängiges Individuum oder Selbst bestätigte.

Man kann sagen: Um als Individuum überleben zu können, übte ich mich in Kontextvergessenheit. Aber man könnte genauso richtig sagen: Um als Individuum überleben zu können, mußte ich mich immer wieder so weit für Kontexte sensibilisieren, daß ich darin Unterschiede auszumachen vermochte, die für mein Überleben einen Unterschied machten.

Wir sehen uns somit zu einer Art Gratwanderung oder wenn man so will: Versöhnungsaufgabe verurteilt, die unter unterschiedlichen Vorzeichen mißlingen kann. Wir können zum einen unsere rekursive Selbstbestätigung übertreiben. Dann kommt es unter Umständen zu dem, was Psychiater als ein Wahnsystem diagnostizieren: Wir bewegen uns in einem geschlossenen Wahrnehmungs- und Erklärungskosmos, in dem wir uns gegen jede Störung abschotten. (Das gilt in gewissem Sinne auch für jeden, der sich in einem Erklärungskosmos wie dem der Psychoanalyse, des Marxismus oder der Heideggerschen Philosophie beheimatet und darin abschottet.)

Wir können die rekursive Selbstbestätigung aber auch untertreiben. Dann droht sich unser Selbstempfinden gleichsam an den Nähten aufzulösen. Dann reden wir etwa, je nach psychoanalytischem oder psychiatrischem Sprachgebrauch, von Identitätsdiffusion, von gespaltenem Selbst, von multipler Persönlichkeit, von schizophrener Fragmentierung oder was auch immer.

Es läßt sich hier von einem Widerspruch (oder auch einer Dialektik) von notwendiger Selbstbeständigkeit und gleichermaßen notwendiger Selbstentwicklung sprechen. Der Psychiater Hinderk Emrich[6] beschrieb, wie daraus ein gleichsam existentielles Dilemma erwachsen kann (oder sogar muß). Das erläuterte er am Phänomen des Versprechens. Um ein Versprechen geben und einhalten zu können, das heißt um mich in meiner Beziehung zu anderen als verläßlich und haltgebend erweisen zu können, muß ich mich, was meine Grundannahmen, Grundwerte und das daraus resultierende Verhalten anbelangt, als gleichbleibend und voraussagbar definieren und darstellen. Aber will ich mich als Persönlichkeit entwickeln, muß ich letztlich auch bereit und in der Lage sein, solche Grundannahmen, Werte und Verhaltensweisen immer wieder in Frage zu stellen.

Solch (existentielles) Dilemma zeigt sich nicht zuletzt als Quelle von Konflikten, die Partner den Weg zum Paartherapeuten finden lassen, so etwa eines Konfliktes zwischen »Treue zum Partner« und »Treue zu sich selbst«. Die Treue zum Partner (Karl Jaspers spricht von lebensentscheidender Treue) verbietet etwa intime

Außenbeziehungen. Treue zu sich selbst vermag diese dagegen als Moment einer fälligen Entwicklung des Selbst zu rechtfertigen. »Der Mensch erkennt sich nur im Menschen, nur das Leben lehrt jeden was er sei«, sagte Goethe. Und das könnte im vorliegenden Kontext bedeuten: Auch das Selbst erkennt sich und realisiert seine Potentiale nur im anderen, und das kann nun auch heißen: im intim erkannten anderen.

2. Das Selbst als Subjekt und Objekt von Geschichten

Die unterschiedlichen oder gar widersprüchlichen Bedeutungen, die man einem Wort wie Treue geben kann, verweisen auf die Macht, die der Sprache bei der Beschreibung, Erklärung und Bewertung eines Selbst zukommt. Diese Sprachmacht offenbart sich in Geschichten oder Erzählungen, die existentielle Widersprüche sowohl bewußt zu machen und zu radikalisieren als auch (scheinbar oder wirklich) aufzulösen vermögen.

Geschichten sind Sprachkonstruktionen, die Lebenserfahrung bändigen, ordnen und aufbewahren, dabei Sinn stiften und im Lichte solchen Sinnes Verhalten anleiten. Sie sind ein Stoff – vielleicht der Stoff –, der es einem Selbst ermöglicht, sich sowohl auf Dauer seiner Identität zu versichern als auch diese Identität durch neue Erfahrungen in Frage zu stellen, zu verändern und zu bereichern. Seit es eine Geschichte der Menschheit gibt, gibt es auch Geschichten – so in Form von Mythen, Sagen, Legenden, Märchen oder Berichten. Häufig wurden diese im Familienkreis erzählt, gehört und an nachfolgende Generationen weitergegeben.

Ob und wie Geschichten konstruiert, erzählt, aufgenommen und weitergegeben wurden, variierte nach historischer Epoche, Kultur und auch Familiensituation. Es variierte auch das wissenschaftliche Interesse, das man den Geschichten entgegenbrachte. Insgesamt fragte man, als solches Interesse erwachte, wohl eher nach dem, was bestimmten Geschichten gemeinsam war, als nach dem, was sie voneinander unterschied. Man fragte etwa: waren vergleichbare Strukturen zu erkennen, vergleichbare Wahrheiten zu entnehmen, und ließ sich ein Sinn ausmachen, der über die Zeiten und Kulturen hinweg den Geschichten innewohnte?

Ähnliche Fragen stellten sich Familientherapeuten, als sie verschiedene Geschichten genauer betrachteten, die man in Familien vorfand und erfand, erzählte und weitergab. Das Hauptinteresse galt zunächst sogenannten Familienmythen. Ich selbst widmete ihnen vor circa 20 Jahren eine Studie, in der ich darin typische Strukturen und Inhalte auszumachen versuchte. [7]

Im letzten Jahrzehnt nahm das Interesse an Geschichten bei systemischen wie auch Familientherapeuten zu. Aber dieses Interesse ging in eine neue Richtung und galt nicht mehr vorwiegend Familienmythen. Die Worte Geschichten (stories) oder nun auch Erzählungen (narratives) standen jetzt überhaupt für lebensgeschichtlich relevante Beschreibungen, Erklärungen und Bewertungen. Das heißt: Mittels Geschichten oder Erzählungen machen sich Individuen oder Familien etwas zurecht, das sie für wahr halten dürfen, das für sie Sinn ergibt, das im Lichte solchen Sinnes Handeln anzuleiten vermag, das ihnen, um wieder auf Hegel zurückzugreifen, im Fluß des sich wandelnden Lebens und der sich wandelnden Zeiten ein Stück festen Grundes und Haltes liefert, das ihnen zu einer ihre Identität begründenden und diese sichernden Biographie verhilft.

Systemische Therapeuten hatten sich nun zu fragen: Welche Grundannahmen und Unterscheidungen kommen in solchen Geschichten zum Ausdruck, bestimmen deren innere Konsistenz oder Widersprüchlichkeit, deren Geschlossenheit oder Offenheit für Neues? Welche Erlebnisse wurden ausgewählt, im Bewußtsein verfestigt, zu dominanten Themen erhoben, und welche blieben abgewertet und ausgeblendet? Wie zeigen sich Geschehensabläufe punktuiert, wie kausale Bezüge konstruiert? Wie wird jeweils Absicht oder Verantwortung zuerkannt? Wer wird mit Schuld belastet oder davon entlastet?

Im einzelnen zeigen sich uns gewaltige Unterschiede, was Reichtum, Lebensnähe, innere Konsistenz, Vielfalt und Vielschichtigkeit von Geschichten anbelangt. Vergegenwärtigen wir uns etwa eines der Meisterwerke der modernen Literatur: den *Ulysses* von James Joyce. Es geht darin um die Erlebnisse, welche drei Protagonisten

– Stephen Daedalus, Leopold Blum und dessen Frau Molly – an einem einzigen Tag durchleben. Diese Erlebnisse kommen in inneren Monologen und Gesprächen zum Ausdruck, in einem Bewußtseinsstrom, dessen Richtung sich immer wieder ändert, der plötzlich abbricht, sich gleichsam in Wirbeln auflöst, um sich an unerwarteter Stelle fortzusetzen. Dabei vermittelt sich dem Leser, wie reich, vielschichtig und verknäuelt das gelebte Leben ist, aber auch, wie sehr sich dieses Leben in den von uns üblicherweise unter dem Zwang von Alltagssprache und Konventionen verfaßten Geschichten glättet und einengt – einem Zwang, dem sich eben ein James Joyce mehr als andere Sterbliche zu entziehen vermochte.

Problemgeschichten

Geht es um Leiden, um symptomatisches Verhalten und massive, das Leben stark einschränkende Probleme, dann ranken sich Geschichten vorwiegend um solche Probleme, und es läßt sich von »Problemgeschichten« sprechen.

Problemgeschichten denaturieren, vereinseitigen und verkürzen das gelebte Leben zumeist noch mehr, als es die im Alltag gehandelten Geschichten ohnehin tun. Problemgeschichten stellen gleichsam mit der Brechstange Kontinuität her, sie konstruieren einfachste lineale Kausalität: »Weil Annas Mutter sich in der Zeit nach Annas Geburt auf eine Affäre mit einem Amerikaner einließ (oder krank war oder sich in der Versorgung ihrer altersschwachen Mutter verausgabte oder einen Nachholbedarf an jugendlichen Sturm- und Drangerfahrungen zu befriedigen suchte, oder . . ., oder . . .), hat Anna jetzt Kontaktschwierigkeiten, bringt sie ihr Studium nicht zu Ende, neigt sie zu Depressionen.« Oder: »Weil Ernsts Vater ein ›Workaholic‹ war, in kritischen Lebensphasen die Mutter nicht unterstützte, lieber mit seinen Kumpanen ins Wirtshaus als mit Ernst auf den Sportplatz ging, gibt sich Ernst jetzt leistungsschwach, hängt er mit anderen Aussteigerjugendlichen herum, läßt er sich nicht mit Mädchen ein etc. etc.«

In solchen Geschichten ist kaum Platz für Vernetzungen von

Wirkungsketten und Variablen, für Multikausalität oder zirkuläre (rekursive) Kausalität. Vielmehr verrät sich darin simples kausales Einbahnstraßen-Denken mit linealen Zuschreibungen oder Entlastungen von Schuld. Erhellend ist in diesem Zusammenhang, daß αἰτία sowohl Ursache als auch Schuld bedeutet. Also: Weil Annas Mutter sich damals auf eine Affäre einließ, ist sie auch schuld daran, daß Anna sich jetzt wie ein depressives Mauerblümchen verhält. Oder: Weil Ernsts Vater sich mit seiner Firma anstatt mit seiner Familie verheiratet hatte, ist er schuld daran, daß sein Sohn jetzt in die Aussteigerszene abdriftet usw.

Man kann sagen: Individuen oder Kollektive machen sich Problemgeschichten zu eigen. Man kann aber auch sagen: Problemgeschichten beherrschen Individuen und Kollektive. Oft läßt sich von einer Konkurrenz der Problemgeschichten um Herrschaft über Individuen und Kollektive sprechen, der schließlich mit dem Sieg einer bestimmten Geschichte endet.

Zeit und Umstände der Aneignung von Geschichten verweisen häufig auf die Kindheit – die Lebensperiode, in der die Geschehnisse, die uns Stoff für Geschichten liefern, uns sinnlich anregen und bewegen wie wohl niemals wieder im Leben, was auch einen Marcel Proust zu seiner nie endenden Suche nach der verlorenen Zeit, das heißt der Zeit seiner Kindheit mit all den damit verbundenen Erlebnissen von Farben, Gerüchen, Lauten, Beziehungsqualitäten veranlaßte.

Aber die Kindheit ist nicht nur die Zeit, in der wir uns am nachhaltigsten beeindrucken lassen. Es ist auch, wie schon Lichtenberg anmerkte, die Zeit, in der unser Verstand noch unreif ist und dessen kritische Fähigkeiten noch schwach entwickelt sind. Oder etwas anders, im Lichte von Erkenntnissen der modernen Spracherwerbs- und Kognitionspsychologie ausgedrückt: Die Kindheit ist die Zeit, da wir noch Sklaven einer Logik sind, die Geschichten nolens volens in ein starres Korsett preßt. Trotzdem oder deswegen: Diese Geschichten erhalten sich mit allererstem Wahrheitsanspruch. Ihre Wirklichkeit verdrängt jede alternative Wirklichkeit.

Geschichten, die sich schon im Kinde festgemacht und alternative Geschichten verdrängt haben, gerinnen häufig zu Skripten. Skripte, können wir sagen, sind zum Zwecke der Entscheidungserleichterung und Handlungsanleitung verdichtete Geschichten. So etwa das Skript einer Frau: »Nachdem mich mein Vater enttäuscht hat, mich meine Mutter enttäuscht hat, lasse ich mich von niemandem mehr enttäuschen, von einem Manne schon gar nicht. Heiraten kommt für mich nicht in Frage.« Oder: »Um geliebt zu werden, ja um überhaupt Aufmerksamkeit zu bekommen, muß ich etwas Besonderes sein oder leisten, wenn nicht, bin ich ein Versager, ein Nichts.« Oder das Skript eines Mannes: »Jeder ist darauf aus mir zu zeigen, was eine Harke ist. Im Leben geht es nur um Macht und Kontrolle. Ich werde auf jeden Fall kämpfen, wenn es sein muß, bis zum bitteren Ende.«

Geschichten, die sich in Familien festmachen, bilden gleichsam den Fundus, aus dem einzelne Mitglieder bei der Abfassung ihrer individuellen Geschichte oder Geschichten – und nicht zuletzt ihrer Problemgeschichten – schöpfen. Solche Geschichten werden oft über Generationen weitergereicht. Darin spiegeln und vermitteln sich Delegationen und auch Erwartungen, die sich etwa an Geschlechtszugehörigkeit oder Geschwisterposition knüpfen. So liefert uns der Schriftsteller Christian Graf von Krockow[8] Geschichten aus der Zeit des letzten Weltkrieges, worin sich die Frauen insgesamt stark und menschlich, die Männer, trotz und wegen ihrer nach außen gezeigten Härte, schwach und (in ihrer bedingungslosen Aneignung der Nazi-Ideologie) unmenschlich zeigen. Andere Familiengeschichten legen nahe, daß es jeweils die Männer sind, die – so oder so – einem schlimmen Ende zusteuern. Sie scheitern schließlich im Beruf, versagen als Versorger ihrer Familien, verfallen dem Alkohol, enden durch Selbstmord. Andere Geschichten betonen unterschiedliche Geschwisterpositionen und Schicksale: Die einen – möglicherweise die jeweils Ältesten – glänzen, haben Erfolg, die anderen leben im Dunkeln oder versagen. Das spiegelt sich dann in den Genogrammen wider, die uns mehrere Generationen überblicken lassen. Genogramme liefern gleichsam Kurzfassungen von Familiengeschichten.

Problemgeschichten, die in Familien dominieren, drehen sich oft um bestimmte wiederkehrende Themen. So etwa Alkoholsucht oder manisch depressive Psychosen, die sich über Generationen hinweg in einzelnen Mitgliedern zeigen; so etwa Scheidungen oder auch tragische Unfälle, die sich in Generationenfolge wiederholen. Betrachten wir solche Geschichten genauer, dann kann man auch darin eine Auswahl und Verdichtung bestimmter Geschehnisse erkennen. Zugleich wird vergessen, daß es sich um Konstruktionen, eben Geschichten handelt. Betroffene erleben sich vielmehr wie unter einem Zwang, wenn nicht Fluch der Fakten. Es läßt sich von besonders vergangenheits- und pathologielastigen Geschichten sprechen, die dann auch immer wieder, im Sinne einer sich selbst erfüllenden Prophezeiung, die Geschichten bestätigende Fakten schaffen. So kommt unter Umständen das zustande, was man auch Wiederholungszwang in Familien genannt hat.

Psychotherapeuten und Psychiater können zu Problemgeschichten beitragen

Aber nicht nur Familien wirken an Problemgeschichten mit. Auch Psychotherapeuten und Psychiater steuern dazu ihren Teil bei. So bringen sich in der heutigen deutschen Psychotherapie- und Psychiatrieszene Mitglieder verschiedener Schulen und Einrichtungen als Erzähler, Zulieferer oder Editoren von Geschichten ins Spiel. Als Beispiele lassen sich sowohl Psychoanalytiker und psychoanalytisch orientierte Psychotherapeuten anführen als auch Psychiater, die sich vorrangig als Psychopathologen identifizieren.

Viele Psychoanalytiker etwa orientieren sich (noch) an den Vorgaben, die Freud für Geschichten lieferte. Er lieferte gleichsam den Standardrahmen und die Standardthematik – so etwa die des präödipalen oder ödipalen Konfliktgeschehens –, an die sich nachfolgende Geschichtenerzähler zu halten hatten. Dabei präsentiert sich Freud als ein Autor, der in klarem Deutsch Geschichten spannend zu erzählen vermochte – so spannend, daß er sich dafür entschuldigen zu müssen meinte, wenn sich seine Fallgeschichten eher wie Romane denn wie wissenschaftliche Berichte lasen.

Heute indessen scheinen, zumindest in Deutschland, nicht wenige von Freuds Nachfolgern unter dem Druck zu stehen, die ihnen von ihren Patienten gelieferten Geschichten so zu edieren bzw.

umzuschreiben, daß sie aktuellen Zwecken genügen: so etwa dem Zweck eines Antrages auf kassenärztliche Kostenerstattung, so etwa dem Zweck, bei den zulassenden Gremien der psychoanalytischen Gesellschaften Akzeptanz zu finden. Wie immer solche Geschichten aber im einzelnen verfaßt werden, sie zeigen sich zumeist massiv vergangenheits- und pathologiebeschwert und daher dazu angetan, Vorstellungen einer schweren Problemlast zu wecken, die, um bewältigt zu werden, eines langen Arbeits- und Zeitaufwandes bedarf.

Psychopathologisch inspirierte Problemgeschichten füllen typischerweise die Krankenakten psychiatrischer Kliniken. Mehr noch als viele psychoanalytische Geschichten erscheinen sie unter Zeitdruck verfaßt, erscheinen sie funktionalisiert, bedienen sie sich einer medizinischen oder quasi-medizinischen Sprache, lassen sie erzählerische Ambitionen vermissen. Es geht weniger um die Darstellung von Lebensschicksalen und Biographien als um die von Fällen und Verläufen – Fällen etwa von Schizophrenie, von manisch-depressiver Psychose, von Alkohol- und Drogensucht, von erblicher Belastung oder was auch immer –, in denen sich wiederzuerkennen viele Betroffene größte Schwierigkeiten haben.

Das ist nicht zuletzt auf einen Erzähl- und Berichtsstil zurückzuführen, der sich aus einem medizinischen Verständnis von Psychiatrie ergibt. So hat in der Medizin die Diagnose der Therapie vorauszugehen. Daher wählt der Darsteller bzw. Geschichtenerzähler aus und konzentriert sich auf das, was jeweils als Ursache und damit als Pathologie oder Defekt, also als etwas, das nicht in Ordnung ist, beeindruckt oder in Frage kommt. Daher haben auch diese Geschichten die Tendenz, vergangenheits- und pathologielastig zu werden. Weniger noch als psychoanalytische Geschichten scheinen sie von lebendigen Menschen und ihren Schicksalen zu handeln, was sie indessen häufig nicht daran hindert, Geschicke von einzelnen und Familien zutiefst mitzubestimmen. Und dies wohl nicht zuletzt deshalb, weil in Zeiten schnellen gesellschaftlichen Wandels insbesonders medizinische Experten als die Personen wahrgenommen werden, die angesichts solchen Wandels noch etwas festen – das heißt wissenschaftlich erhärteten – Grund und Halt zu liefern versprechen.

3. Das Selbst als Entdecker und Initiator von Überlebensoptionen

Auch dieses Selbst ist ein Konstrukt, das etwas in den Blick bringt, während es andere ausblendet. Allerdings: Dieses »etwas« scheint sich mehr als üblich einem wissenschaftlichen (oder für wissenschaftlich gehaltenen) Sprachgebrauch zu verweigern. Das dürfte mit ein Grund dafür sein, daß das Konstrukt dieses Selbst unter Psychologen, Psychoanalytikern und eben auch systemischen Therapeuten bislang zu nicht endenden Differenzierungsversuchen und Kontroversen Anlaß gab. Es geht ja nicht um verhältnismäßig exakt beschreibbare Eigenschaften oder Interaktionen von relativ leicht zu identifizierenden Phänomenen, sondern, wie schon angedeutet, um das, was ein Subjekt oder eben Selbst beabsichtigt, empfindet, erstrebt, erhofft, erwartet. Wir sagen etwa: Dieses Subjekt oder Selbst empfindet sich als Kraftquelle, als Initiator von Handlungen, als Autor von Geschichten, als Opfer oder Täter, als Lebewesen mit Bedürfnissen, Wünschen, Antrieben, Motivationen. Um solcher Subjekthaftigkeit und Intentionalität gerecht zu werden, sprechen vor allem manche psychoanalytische Autoren lieber von Ich-Phänomenen als von Selbstphänomenen, also etwa von Ich- Funktionen, Ich-Bedürfnissen, Ich-Qualitäten etc.

In der Sprache der vor allem von Niklas Luhmann beeinflußten Systemtheoretiker würde dem Selbst, um das es hier geht, Kontingenz zukommen. Darunter ist die – aus der Sicht eines Außenbeobachters – spezifisch menschliche Möglichkeit zu verstehen, unvorhersehbar, überraschend, variabel und offen zu handeln und zu reagieren. Wachsende Kontingenzspielräume, wie sie für die Postmoderne kennzeichnend sind, entstehen in dem Maße, wie bislang nicht hinterfragte Normen, Traditionen, soziale Zwänge und Erwartungen fragwürdig werden. Von einem Konstrukt wie dem des Selbst ließe sich dann erwarten, daß es Kontingenz zumindest begrifflich bändigt.

Aber so problematisch, schwer faßbar und vereinfachend sich dies »Selbst« oder eben auch »Ich« genannte Konstrukt zeigen mag, so unverzichtbar erweist es sich in der psychotherapeutischen Praxis. Denn in diesem Selbst bündelt sich gleichsam menschliche Motivationsdynamik, die in ihrer Komplexität nun ebenfalls Ausdruck und Folge zunehmender Kontingenzspielräume ist. Und in psychotherapeutischer Praxis geht es eben letztlich immer wieder darum, diese Dynamik zu erfassen, sich darauf einzustimmen und sie so oder so zu beeinflussen.

Um das daran – unter psychotherapeutischen Gesichtspunkten – Wesentliche zu kennzeichnen, bietet sich etwa eine von Milton Erickson genutzte Unterscheidung zwischen intrinsischen und extrinsischen Motivationen an. Intrinsische Motivationen (intrinsic motivations) speisen sich gleichsam aus ihrer eigenen Dynamik. Extrinsische Motivationen (extrinsic motivations) bedürfen dagegen eines anhaltenden oder vermehrten zusätzlichen Schubes von außen. Etwas anders ausgedrückt: Intrinsische Motivationen erweisen sich als selbstnährend und selbstsynton – das gibt ihnen eine kontext- bzw. systembeeinflussende Kraft. Extrinsische Motivationen zeigen sich dagegen eher systemabhängig und systemgeprägt.

Erickson, so kann man nun sagen, individualisierte Psychotherapie, indem er sich mit ungewöhnlicher Sensibilität auf die intrinsische Motivationsdynamik seiner Klienten einzustimmen wußte und daher auch bei ähnlichen Symptombildern sein Vorgehen immer wieder abwandelte. Aber bei all solcher Individualisierung lassen sich doch drei hauptsächliche intrinsische Motivationsbereiche ausmachen, die er immer wieder anzusprechen versuchte: erstens Neugier, zweitens das Streben nach und das damit verbundene Empfinden von Erfolg und Kompetenz und schließlich drittens das Streben nach Akzeptanz und Wertschätzung durch jeweils wichtige Bezugspersonen. So läßt sich sagen: Erickson versuchte immer wieder, diese drei Motivationsbereiche anzusprechen.

Eng verbunden mit einer solchen intrinsischen Motivationsdynamik zeigen sich beim Individuum die Fähigkeit und Bereitschaft, sich zu entscheiden und Einfluß zu nehmen – auf seine Geschichte und Biographie, auf sein Verhalten, aber auch auf seine Gefühle und letztlich auch auf seine Symptome.

Solche Bereitschaft und Fähigkeit zur Einflußnahme darf allerdings nicht undialektisch verstanden werden. Auch als bewußt handelnde menschliche Lebewesen sind wir von zahllosen Gegebenheiten oder, wenn man so will, Systemen oder Strukturen abhängig, die wir nicht oder nur indirekt, oder nur in Grenzen und kaum voraussehbar, beeinflussen können – so von unzähligen, einander steuernden Prozessen in unserem Organismus (in jeder seiner vielen Millionen Zellen laufen etwa gleichzeitig 2000 chemische Reaktionen ab), so von einem funktionierenden Ökosystem, das uns gesunde Nahrung und saubere Luft verbürgt, so von einem rechtsstaatlichen demokratischen Gemeinwesen, das, immer in Grenzen, freiheitliches Handeln ermöglicht und schützt. Somit schließt die Fähigkeit und Bereitschaft zur Einflußnahme, wie ich sie hier andeute, das Anerkennen und Annehmenkönnen unserer vielen Abhängigkeiten ein.

Gerade mit Blick auf symptomatisches Verhalten zeigte sich nun unserem Heidelberger Team, daß die von uns gesehenen Klienten dazu neigten, sich in einem verhängnisvollen Entweder-oder zu verfangen: Man ist entweder autonom oder abhängig, entweder Opfer (einer Krankheit, einer Psychose, einer schlimmen Biographie, einer Mißhandlung, einer Vernachlässigung, eines unbewußt wirkenden »Es« oder was auch immer), oder man ist unbeschränkt Täter, ist entweder total beeinflußt oder Einfluß ausübend.

Sowohl unsere klinischen Beobachtungen als auch Studien, in denen wir die Verläufe der von uns behandelten Klienten vor, während und nach der systemischen Therapie untersuchten[9], zeigten uns, daß diese sich zunächst selbst vorwiegend als unfähig zur Einflußnahme, das heißt als Opfer erlebten und von ihren nahen Angehörigen auch so gesehen wurden. Eine klinische Besserung ging dagegen fast stets mit einer Änderung solcher Sicht einher. Bei Klienten wie auch deren Angehörigen kam es sozusagen zu einem »Drehen der ganzen Betrachtung«, was Möglichkeiten der Einflußnahme anbelangte.

Daher gelangten wir in unserer systemischen Therapie mehr und mehr dazu, gerade das einflußnehmende Selbst anzusprechen und zu stärken – das heißt, der undialektischen Verfestigung der Position des einflußlosen Opfers entgegenzuwirken, indem wir Unterschiede einführen, die für dessen Lebens- und Beziehungsgestaltung, dessen Hoffen und Bangen bedeutsam sind. Anders ausgedrückt: Indem wir neue Optionen eröffnen, erweitern wir die

Autonomie des Individuums, aber mit solcher Autonomie auch dessen Verantwortung für gezeigtes Verhalten. Und das kann nun auch heißen: Verantwortung für ein psychotisches, süchtiges oder sonst als gestört zu bezeichnendes Verhalten, das man bislang einer unbeeinflußbaren Krankheit, einer Psychose, einer Antriebsschwäche, einem Es oder was auch immer zuschrieb.

Die therapeutischen Implikationen solcher Selbst-Beschreibung verdeutlichen sich weiter, wenden wir uns einem weiteren Selbst bzw. Selbstkonstrukt zu, dem Selbst, das sich am ehesten in Analogie zu einer inneren Demokratie oder Diktatur beschreiben läßt.

4. Das Selbst als inneres Parlament

Das Selbst, von dem bislang die Rede war, war so beschrieben, als sei es in sich kohärent und geschlossen. In solcher Geschlossenheit erwies es sich kraftvoll, zielstrebig, entscheidungsfroh. Aber dieses Konstrukt eines Selbst zeigte nicht zuletzt in der psychotherapeutischen Praxis seine Grenzen. Je mehr sich diese Praxis differenzierte, um so problematischer erwies es sich, das Selbst als psychische Einheit, als letztlich unteilbare psychische Monade verstehen und beschreiben zu wollen. Vielmehr eröffneten sich dem Blick psychische Untersysteme, wenn man will: Sub-Selbste, die untereinander komplexe Beziehungen eingehen, die füreinander Kontexte bilden und somit vom Beobachter eine besondere Art von (individuumzentrierter) Kontextsensibilisierung verlangen.

Man könnte hier an die Entwicklung der Physik denken. Lange Zeit wurde darin das Atom als letzte unteilbare Einheit angenommen. Das änderte sich mit der Entwicklung der modernen Kern- bzw. Teilchenphysik. Im Atomkern gab sich nunmehr ein komplexes Szenario zu erkennen, worin sich bis heute mehrere hundert Teilchen identifizieren ließen, die mit oft exotischen Namen ausgestattet wurden. Aber viele dieser Teilchen scheinen so schnell zu vergehen, wie sie entstehen. Wo und wie sie wahrgenommen, wie sie beschrieben werden, hängt weitgehend von den Versuchsanordnungen des Experimentators und den Positionen des Beobachters ab.

Es liegt nahe, das Bild solcher Teilchenphysik auch auf eine Psychologie anzuwenden, die sich dafür interessiert, was das Individuum im Innersten zusammenhält (oder auch zerreißt). Statt von Teilchen läßt sich hier aber eher von Anteilen reden, das heißt von Anteilen der Persönlichkeit oder des Selbst, die sich in wechselnden Konstellationen sowohl kooperativ als auch antagonistisch verhalten können. Wir hätten es mit einer »Anteilspsychologie« zu tun, die von systemischen und familientherapeutischen Konzepten und Erfahrungen Anregungen erhält. Erickson darf neben anderen als Wegbereiter solcher Anteilspsychologie gelten.

Wie können wir – nicht zuletzt angesichts der Erfordernisse einer systemischen Praxis – die Anteile unseres Selbst, deren Wesensmerkmale und Beziehungen zueinander am treffendsten beschreiben? Ich meine, hier läßt sich am ehesten das Bild eines innerpsychischen Regierungssystems oder Parlaments verwenden. Dieses Bild, auf das ich wiederholt zurückkommen werde, übernehme ich von meinem Freund und Mitarbeiter Gunther Schmidt, dem ich hier sehr dafür danken möchte.

In diesem Parlament ringen einzelne Fraktionen um Macht, Wertschätzung und Durchsetzung ihrer Bedürfnisse. Die Fraktionen kommunizieren miteinander offen oder verdeckt. Sie schließen Bündnisse, die für kürzere oder längere Zeit halten, sie sorgen für wechselnde oder auch andauernde Mehrheitsverhältnisse. Im Umgang miteinander bilden sich Muster und Regeln aus. Man kann von Spielern, Spielen und Spielregeln innerhalb des Selbst sprechen. Einzelne Fraktionen (oder Sprecher) vermögen zeitweise gleichsam demagogisch die Bühne zu beherrschen. Die Anliegen und Stimmen der anderen bleiben dann ausgeblendet. Sie bleiben dissoziiert, im Dunkeln, vom innerpsychischen Diskurs ausgeschlossen.

Die im inneren Parlament unvermeidlichen Konflikte werden vom Subjekt als Ambivalenz, wenn nicht Polyvalenz erlebt. Erweist sich das innere Regierungssystem als eher demokratisch, dann läßt sich erwarten, daß eine erhebliche innere Konfliktspannung toleriert wird, daß sich schließlich die Polyvalenz einpendelt und letztendlich Kompromisse zustande kommen, die sowohl ein effektives Regieren und Prioritätensetzen als auch eine effektive Außenvertretung erlauben. Überwiegt dagegen eine diktatorische innere Regierungsform, dann werden einzelne Fraktionen (nennen wir sie nun Anteile, Triebe, Interessen, Bedürfnisse) in den Untergrund gedrängt. Sie verlieren ein Mitspracherecht und können sich unter Umständen nur durch Terror von unten, durch Symptombildungen und letztlich selbstdestruktive Sabotageakte zur Geltung bringen.

Eine systemisch inspirierte »Anteilspsychologie«, die sich des Bildes eines inneren Parlamentes bedient, legt Gemeinsamkeiten mit psychoanalytischen Vorstellungen nahe. Denn auch darin geht es nicht zuletzt um Beziehungen zwischen (mehr oder weniger bewußten) innerpsychischen Anteilen (nunmehr etwa Triebe, Instanzen, Introjekte oder innere Objekte genannt), um innerpsychische Konflikte. Solche Gemeinsamkeiten bestehen zweifellos. Hier möchte ich indessen die Unterschiede hervorheben, die für die therapeutische Praxis von Bedeutung sind.

So sensibilisiert uns eine systemisch beeinflußte Anteilspsychologie nicht nur für rekursive Prozesse, die zwischen dem Individuum und Mitgliedern seines Problemsystems zur Wirkung kommen, sondern auch für rekursive oder nun auch selbstreferentiell zu nennende Prozesse, die im Hier und Jetzt innerhalb seines inneren Parlaments ablaufen – sowohl etwa im Sinne eines »deviation amplifying feedback« als auch eines »deviation reducing feedback«. Gleichzeitig richtet sich der Blick auf die sozusagen innerparlamentarischen Regeln und Formen der Gewaltenteilung, die ein effektives Regieren, ein Ausbalancieren innerer Gegensätze und eine effektive Außenvertretung entweder erleichtern, erschweren oder gar verhindern.

Mit Blick auf die klinische Praxis läßt sich etwa an bulimische oder anorektische Patientinnen denken, bei denen einander widerstreitende Bedürfnisse und Anteile – z. B. die nach regressiver Selbstverwöhnung und die nach Autonomie – sich als in einem Dauerkonflikt befindlich darstellen. Es kommt zu keinem mit subjektivem Wohlbefinden verträglichen Kompromiß oder Ausgleich, weil die einzelnen Anteile oder Fraktionen einander erbittert bekämpfen, jeweils eine Diktatur bzw. einseitige Kontrolle anstreben und sich dabei in Mustern festfahren, die nun auch von schwer zu verändernden körperlichen Automatismen unterhalten werden.

Oder man kann an einen Psychotiker denken, dessen eine Fraktion die innerparlamentarische Bühne demagogisch beherrscht, sich dabei, wie in einem Heimkino, in Höllenvisionen oder Höllenphantasien hineinsteigert, sich davon in Bann schlagen läßt, während alle anderen Fraktionen oder Stimmen, darunter eben auch die Stimme der Vernunft, gleichsam niedergeschrien und damit zum Schweigen gebracht werden. Hier ließe sich auch von einer sich rekursiv aufschaukelnden Selbsthypnose sprechen.

5. Das Ressourcenselbst

Damit beschreiben wir die verschiedenen inneren Selbste weniger als Fraktionen im Sinne von Konflikt- bzw. Kooperationspartnern, sondern eher als Ressourcenträger. Auch für dieses mannigfache Ressourcen enthaltende – aber nicht nutzende – Selbst hat wie wohl kein anderer Milton Erickson den Blick geschärft. Hier geht es darum, im jeweiligen Problemangebot des/der Klienten/in auch schon immer Lösungsangebote und -möglichkeiten zu sehen. In solcher Sicht erweist sich insbesondere der Begriff des Widerstandes als nicht länger brauchbar. Denn was etwa in einem psychoanalytischen Kontext als Widerstand hervortritt, zeigt sich nunmehr als Kooperationsangebot. Stephen Gilligan [10], Steve de Shazer [11], Brian Cade und William O'Hanlon [12] liefern neben Milton Erickson selbst in ihren Schriften viele Beispiele dafür, wie man Symptome, Problemangebote und eben auch sogenannte Widerstände therapeutisch nutzen kann.

Mit Blick auf das Ressourcenselbst erscheint auch das sogenannte Unbewußte in anderem Licht als bei Freud: Dieses läßt sich nun eher als eine ungenutzte persönliche Schatzkammer denn als Tummelplatz unerlaubter, gefährlicher und daher zu verdrängender Triebregungen ansehen.

Viele von Ericksons therapeutischen Interventionen – allen voran Hypnose und Tranceinduktion, dann auch Verwirrungstechniken, die darauf abzielen, Bewußtheit und Rationalität kurzfristig auszuschalten – erscheinen darauf abgestimmt, die Schatzkammer des Unbewußten zu öffnen, dessen Ressourcen und Problemlösungsangebote dem Individuum verfügbar zu machen. Doch weiter: Mit Blick auf das Ressourcen-Selbst werden wir überhaupt für die Fragwürdigkeit problem- und pathologieträchtiger Begriffe, Beschreibungen und auch Geschichten sensibilisiert, wie sie in unserem Feld üblich sind. So schaffen hier Begriffe wie Depression, Schizophrenie, Borderline-Störung, präödipale narzißtische Störung etc. schon im ersten Kontakt mit Klienten oft einen düsteren Erwartungshorizont, lassen sie Vorstellungen von tiefliegenden Defekten und damit verbundene Gefühle von Schuld und Versagen anklingen. Demgegenüber bringen die verschiedenen Formen der Kurztherapie, die – ebenfalls häufig unter dem Einfluß Ericksons – in den letzten Jahrzehnten erblühten, vor allem das Ressourcenselbst ins Blickfeld und sind daher dazu angetan, Hoffnung zu wecken und Klienten auf die Zukunft – anstelle einer nicht mehr zu ändernden Vergangenheit – einzustimmen. Bei einer Reihe der Kurztherapeuten stellt sich allerdings die Frage, ob ein ausschließlich auf die Zukunft gerichteter Blick nicht die Belange anderer Selbste, wie ich sie angedeutet habe, zu sehr außer acht läßt. Darüber dann später mehr.

6. Familienselbst/Gemeinschaftsselbst

Mit Blick auf dieses Selbst fragen wir schließlich: Wie entwickeln, behaupten und versöhnen sich die vorgehend angedeuteten Selbste im Kontext postmoderner Beziehungen – so etwa im Kontext bestimmter Eltern/Kind-, Paar-, Familien- und therapeutischer Beziehungen? Also etwa: Wie entwickelt, behauptet und versöhnt sich in solchen Beziehungen ein Selbst mit seinen Anteilen derart, daß es sich über die Wechselfälle des Lebens hinweg seiner eigenen Identität sicher bleiben kann und doch immer wieder Neues lernt, sich immer wieder anregen bzw. stören läßt, sich umformt, sich entwickelt, sich verwirklicht? Wie verhält sich inneres Konfliktmanagement oder -mismanagement – zu äußerem Konfliktmanagement oder -mismanagement? Wie weit vermag ein Individuum auf ein sogenanntes Kernselbst oder Tiefenselbst zurückzugreifen, um in sich selbst das zu finden, was ihm letztendlich Selbstachtung,

Selbstwert, Selbstbewußtsein, Lebenssinn und Lebenswillen gibt, oder wie weit zeigt sich gerade solches Kern- oder Tiefenselbst von (wie auch immer zu formulierenden) Außeneinflüssen geprägt und davon dauerhaft abhängig?

Mit solchen Fragen vor Augen wechsele ich noch einmal die Perspektive und versuche nun das in den Blick zu bringen, was ich »bezogene Individuation« genannt habe.

Anmerkungen

1 Zitiert aus: Erickson's Way. A Profile of Milton Erickson, in: Simon, R. (1992): One in One. Conversations with the Shapers of Family Therapy. Washington D. C. (The Family Therapy Networker), S. 37.

2 Zitiert aus: ebd., S. 38.

3 O'Hanlon, W. H./Hexum, A. L. (1990): An Uncommon Case Book. The Complete Clinical Work of Milton H. Erickson, M. D. New York (W. W. Norton).

4 Erickson, M. H. (1962): The Identification of a Secure Identity. *Family Process* 1, S. 294–303.

5 Dieses schöne Bild verdanke ich Fritz Simon, der es wiederum von Paul Watzlawick übernommen hat.

6 Emrich, H. M.: Das Selbstbild des Menschen: Der Konstruktivismus und seine Kritik. Vortrag, gehalten auf der Tagung »Die Wirklichkeit als Konstruktivismus«, Heidelberg 16. 10. 1992.

7 Stierlin, H. (1973): Group Fantasies and Family Myths – some Theoretical and Practical Approaches, in: *Family Process* 12, S. 111–125. Dt.: Gruppenphantasien und Familienmythen, in: Von der Psychoanalyse zur Familientherapie, München (dtv), 1992.

8 Krockow, Chr. Graf v. (1988): Die Stunde der Frauen. Stuttgart (DVA).

9 Retzer, A. (1994): Familie und Psychose. Stuttgart (G. Fischer).

10 Gilligan, S. (1987): Therapeutische Trance. Das Prinzip Kooperation in der Ericksonschen Hypnotherapie. Heidelberg (Carl-Auer-Systeme), 1991.

11 De Shazer, S. (1989): Der Dreh. Überraschende Wendungen und Lösungen in der Kurzzeittherapie. Heidelberg (Carl-Auer-Systeme).

12 O'Hanlon, W. H./Weiner-Davis, M. (1989): In Search of Solutions: A new Direction in Psychotherapy. New York (W. W. Norton).

7. Bezogene Individuation

Individuum und Gesellschaft

Um auf die zuvor aufgeworfenen Fragen Antworten zu finden, wenden wir uns noch einmal dem Trend zur Individualisierung zu, wie er die Moderne, mehr aber noch die Postmoderne kennzeichnet. Dieser Trend bezeugt sich in der zunehmenden Individualisierung der Erfahrungswelten, Berufsfelder, Beziehungsformen und eben auch der psychotherapeutischen Ansätze und Angebote.

Solche Individualisierung verlangt nach gesellschaftlichen Strukturen – oder, um wieder mit Hegel zu sprechen, nach Gesetzen und Einrichtungen –, die sie sowohl ermöglichen als auch erfordern. Man kann von einer Ko-Evolution der Individualisierungsprozesse einerseits und der sie ermöglichenden wie erfordernden gesellschaftlichen Strukturen andererseits sprechen.

Die Zeit der Renaissance – viele Autoren lassen mit ihr die Moderne beginnen – zeigt sich uns auch als die Epoche, in der sich eine solche Ko-Evolution beschleunigte. Dabei kamen zahlreiche miteinander verknüpfte und sich gegenseitig vorantreibende Prozesse ins Spiel: Die Verkehrsmittel und -wege etwa verbesserten sich, neue Kontinente wurden entdeckt, Erfindungen wie der Buchdruck förderten die Kommunikation und regten wiederum neue Erfindungen an, bislang isolierte Kulturen rückten einander näher und forderten zu Verständnis (oder zu Ablehnung) heraus. Vielerorts wurden Privatsphären gesellschaftlich und gesetzlich ermöglicht und geschützt; Demokratisierungsprozessen wurden die Tore geöffnet.

Die Zeit der Renaissance erweist sich aber auch als die Epoche, in der das schöpfende wie auch zerstörende, das wollende, leidende, rivalisierende, aber auch von Konflikten zerrissene und das seine Konflikte reflektierende Individuum (oder Selbst) zunehmend in das Zentrum von Beschreibungen gerät. Die Erbauer der Kathedralen blieben nicht mehr anonym. Auf Statuen und Bildern tauchten differenzierte oder, wenn man nun so will, individualisierte Persönlichkeiten auf. Autoren bekannten sich zu ihren Schriften, auch wenn sich diese gegen Normen und vorherrschende Meinungen richteten. In Shakespeares Dramen, zu Beginn der Neuzeit entstanden, begegnen uns Individuen, die Konflikte nicht nur in ihrem Erleben zum Ausdruck bringen, sondern auch, wie beispielsweise Hamlet, differenziert reflektieren. Kurzum, es beschleunigten und intensivierten sich in dieser Epoche Prozesse, die wir heute vielfach mit Individuation benennen.

Individualisierung und Individuation

Beide Begriffe – Individualisierung und Individuation – verweisen auf das lateinische »individuum« und damit auf die Einheit und Einzigartigkeit eines Einzelwesens, das sich seiner Einzigartigkeit bewußt ist, etwas in Gang setzt, gestaltet und erlebt.

Sprechen wir von Individuation, dann denken wir vor allem an eine vom Individuum durchlaufene Entwicklung. Diese läßt sich nun auch als Selbstentwicklung oder (wie beispielsweise bei C. G. Jung) als Selbstverwirklichung oder Verselbstung beschreiben. Schließen wir an die Überlegungen des letzten Kapitels an, dann geht es dabei nicht um die Entwicklung nur eines Selbst, sondern verschiedener Selbste oder vielleicht richtiger: eines Selbst, das sich unterschiedlich beschreiben läßt und dabei dem Blick jeweils unterschiedliche Aspekte eröffnet. Dementsprechend ließe sich dann das Verhältnis von Individualisierung zu Individuation wie folgt beschreiben: Damit sich Individualisierung in einer sich wandelnden postmodernen Welt vorantreiben kann, bedarf es (auch) einer bestimmten Art der Individuation. Diese nenne ich bezogene Individuation oder auch Ko-Individuation. Sie ist Thema der folgenden Ausführungen.

Damit knüpfe ich bei Überlegungen an, die ich erstmals vor bald 25 Jahren zu Papier brachte. Bereits darin wurde Individuation zu einem Schlüsselbegriff. Um menschliche Individuation von der anderer Lebewesen zu unterscheiden, sprach ich von wissender Individuation (knowing individuation) und berücksichtigte dabei insbesondere die Zeit und Beziehungssituation, in der diese im Leben eines Individuums erstmals in Erscheinung tritt: die der frühen Mutter/Kind-, bzw. frühen Eltern-Kind-Beziehung. Ich sprach von »dawn of knowing individuation«, im Deutschen vielleicht am besten zu übersetzen mit »Erwachen der wissenden Individuation«. Heute würde ich eher vom Erwachen der bezogenen Individuation sprechen, die man eben auch als Ko-Individuation beschreiben kann.

Aspekte bezogener Individuation

Woran ließe sich erkennen, daß sich ein Individuum erfolgreich und das heißt bezogen individuierte? Im Lichte meiner Erläuterungen im letzten Kapitel kann man darauf nun wie folgt antworten:

1. Ich vermag mich als jemanden zu erleben, der/die über alle Wechselfälle der Entwicklung hinweg seine/ihre innere Organisation bewahrt und sich das Gefühl bzw. Bewußtsein einer sich gleichbleibenden Identität und Integrität erhält.

2. Ich vermag mich als Individuum von anderen Individuen abzugrenzen. Das heißt: Ich erlebe meine Bedürfnisse, meine Gefühle, meine Phantasien, meine Ideen, meine Träume, meine Erwartungen, meinen Körper als mir zugehörig und unterschieden von den Bedürfnissen, Gefühlen, Phantasien, Ideen, Träumen und Körpern anderer, insbesondere für mich wichtiger anderer wie meiner Familienangehörigen, Partner und Freunde.

3. Ich erlebe mich als ein Subjekt, das zur Intersubjektivität mit anderen Menschen bereit und fähig ist, das daher sowohl Bedeutungen zu vermitteln als auch solche von anderen aufzunehmen vermag.

4. Im Rahmen solcher Intersubjektivität erlebe ich mich als jemanden, der eigene Ziele und Werte zu definieren und falls nötig, auch gegen wichtige andere durchzusetzen weiß und sich dazu berechtigt fühlt. So individuiert sich etwa ein Jugendlicher, indem er die lebensanleitenden Werte, die beruflichen Ziele und Delegationen, die ihm ein Elternteil vermittelt, sich nicht zu eigen macht, sondern seine eigenen Werte – z. B. was Sexualität,

Partnerschaft und Berufswahl anbelangt – schafft und verwirklicht.

5. Ich erlebe mich als Zentrum eigener Initiative und Täterschaft, erlebe mich als lebendiges Kraftzentrum, erlebe mich als Autor meiner Geschichte, erlebe mich dabei autonom und frei, aber auch verantwortlich für das, was ich denke, tue, anrichte, verfasse. Das schließt unter Umständen auch Verantwortung für von mir gezeigte Symptome ein.

6. Ich mache mir widerstreitende Bestrebungen und Bedürfnisse zu eigen, ich setze mich meinen inneren Konflikten aus, ertrage die Spannung der Ambivalenz oder eben auch Polyvalenz.

7. Und ich bleibe mir bewußt, daß meine Individuation auf vielfachen Abhängigkeiten beruht, ja aus diesen hervorgeht. So bleibe ich, um mich individuieren zu können, abhängig von einem funktionierenden Körper, insbesondere einem funktionierenden Gehirn und Nervensystem, von adäquater Nahrung, von sauberer Luft, einem intakten Ökosystem und nicht zuletzt von anderen Menschen und von sozialen, ökonomischen und rechtsstaatlichen Verhältnissen, wie sie in einem demokratischen Gemeinwesen gegeben sind.

Es sind nicht zuletzt als schizophren diagnostizierte Patienten, die uns beispielhaft Störungen der Individuation vorführen, die einige oder alle der genannten Aspekte betreffen. So zeigen sie sich entweder unfähig oder unwillig, eigene Gefühle, Antriebe, Phantasien etc. als sich zugehörig zu erleben und von denen anderer abzugrenzen. Was in ihrem Inneren entsteht und was von außen auf sie zukommt, vermengt sich für sie. Sie erleben sich in ihrer Integrität verletzt, depersonalisiert, von Stimmen und Außensignalen beeinflußt, ja überwältigt oder meinen, daß ihnen Gedanken oder Gefühle entzogen würden. Oder sie erleben sich als Menschen ohne inneres Zentrum, sozusagen als Wesen ohne Kernidentität. Der verstorbene Psychiater Ronald D. Laing sprach in diesem Zusammenhang von einem geteilten Selbst (divided self). [2] Oder sie scheitern in ihrem Bemühen um Intersubjektivität bzw. verzichten auf Intersubjektivität. So oder so: Sie erscheinen aus dem sozialen Konsens ausgeklinkt, stellen sich einer tonangebenden Majorität als verrückt, als nicht mehr einfühl- und/oder ansprechbar dar.

Und oft schaffen sie es nicht oder verzichten sie darauf, eigene Ziele und Werte zu formulieren und, falls nötig, durchzusetzen. Sie fühlen sich vielmehr wie Wachs, das von anderen geformt, wie ein Spielball, der von anderen getreten wird. Damit fehlt dann auch – über längere Zeitstrecken hinweg oder ständig – das Gefühl, aus eigener Kraft etwas initiieren und bewirken, eigenes Verhalten verändern, aber auch Verantwortung für das übernehmen zu können, ja zu müssen, was man selbst gedacht, gesagt, getan, verfaßt hat.

Und oft erweisen sie sich auch nicht fähig oder bereit, sich Ambivalenz in dem Sinne zu eigen zu machen, daß sie die Spannung der sich in ihrer Brust widerstreitenden Seelen ertragen. Statt dessen überlassen sie sich Spaltprozessen: Man macht sich nur die eine, jeweils akzeptable Seite der Ambivalenz zu eigen. Die andere bleibt dissoziiert und/oder wird auf einen anderen projiziert. Dieser andere zeigt sich nun als Behälter der Gier, der Zerstörungswut, der bösen Absichten etc., die man bei sich selbst nicht wahrnehmen kann oder möchte. Oder man agiert Ambivalenz gleichsam ohne sie zu erleben auf der Handlungsebene aus: So wie dies etwa bestimmte als kataton diagnostizierte Patienten tun, die ständig erregt hin und her, vorwärts und rückwärts laufen, ohne je auf einer Seite stillhalten und zur Besinnung kommen zu können (wir sprechen von katatoner Erregung), oder die sich unfähig oder unwillig zeigen, dem einen oder anderen Handlungsimpuls den Vorrang zu geben und daher wie gelähmt dastehen oder sitzen (wir sprechen von katatonem Stupor).

Und schließlich: Viele dieser Patienten scheinen nicht bereit oder fähig zu sein, sich in ihrer Autonomie auch – sei dies von ihrer menschlichen, sei dies von ihrer nichtmenschlichen Umwelt, sei dies von ihrem Körper – als abhängig zu erleben. Sie erleben sich vielmehr – oder präsentieren sich zumindest – als autark und unverwundbar und daher häufig auch als großartig und allmächtig.

Wie entwickelt sich bezogene Individuation?

Mit dieser Frage vor Augen wenden wir uns erneut der frühen Mutter-Kind-, bzw. Eltern-Kind-Beziehung zu. Wir haben uns zu fragen: Wie läßt sich die Individuation des einen Beziehungspartners, des Kindes, beschreiben und verstehen, wenn sich die Ausgangssituation der Beziehungspartner extrem unterschiedlich darstellt? Hier die Mutter: erwachsen, lebenserfahren, sprachmächtig, sich von Modellen und Vorstellungen leiten lassend, die sich ihr durch ihre Kultur und Ursprungsfamilie vermitteln; dort das Kind, bis zu seiner Geburt ein Teil seiner Mutter, aber danach noch lange auf Gedeih und Verderb von ihr abhängig, zunächst unerfahren, sprachlos und dann doch schneller oder langsamer sich individuierend und differenzierend? Und wie läßt sich diese Individuation beschreiben und verstehen, wenn sich die Positionen der Beziehungspartner, während sie aufeinander einwirken, auch ständig wandeln?

Man könnte hier an die Entwicklung des Immunsystems denken, bei dem ebenfalls eine Art Individuationsprozeß erkennbar wird. Denn es handelt sich bei diesem um ein System, das auf einer gleichsam vorbewußten Ebene Entscheidungen darüber trifft, was im Körperbereich als Mein und Nicht-mein anzusehen ist, also was zum Körper dazu gehören soll und was nicht. Was als Mein definiert wird, wird einbehalten und gefördert, was als Nicht-mein, wird abgewertet und abgestoßen.

Dabei kann man sich dann fragen: Wie lernt das Immunsystem des Kindes, sich von dem der Mutter, aus deren Körper es ja hervorgeht, abzugrenzen? Aber auch: Welche Fehler oder Mißverständnisse können ihm bei der fälligen Selbstabgrenzung und Selbstbehauptung unterlaufen? Denn zu solchen Fehlern oder Mißverständnissen kommt es bei sogenannten Auto-Immunkrankheiten, bei denen das Immunsystem Teile des eigenen Körpers als Nicht-mein bekämpft, die es als Mein wahrnehmen und erhalten sollte, und damit einen verhängnisvollen innerkörperlichen Binnenkrieg unterhält. Von Fehlern und Mißverständnissen des Immunsystems läßt sich auch dann sprechen, wenn die (sozusagen uneinsichtige und unflexible) Immunabwehr ein Organ (wie Niere

oder Leber) abstößt, das etwa, dank einer modernen Transplanta-
tionschirurgie, verfügbar gemacht, aber vom Körper nicht angenommen wird.

Geht es darum, zu verstehen, wie sich ein Kind innerhalb seiner
Beziehung zur Mutter (und später auch zu anderen Familienmitgliedern) individuiert, scheint dies noch schwerer beschreibbar als
im Falle des sich entwickelnden Immunsystems. Denn wir können
das kindliche und mütterliche Erleben ja nicht unmittelbar erfassen, wir können es nur einfühlend erschließen. Und zumindest ein
Partner, das Kind, hat über längere Zeiträume hinweg nicht einmal die Möglichkeit, das von uns Erschlossene zu kommentieren
oder in Frage zu stellen.

Dennoch konnte man inzwischen Erkenntnisse darüber gewinnen, wie sich des Kindes Individuation vorantreibt, wie sie gelingen oder scheitern kann und welche Rolle dabei seine wichtigen
Beziehungspartner, allen voran die Mutter, spielen.

Bahnbrechend waren hier insbesondere die empirischen Studien
von René Spitz[3], John Bowlby[4] und, in neuerer Zeit, von Daniel
Stern[5], Mary Ainsworth[6] und dem Ehepaar Grossmann[7], die wiederum an Bowlby anknüpfen.

Den Prozeß der Individuation beschrieb René Spitz schon vor
mehreren Jahrzehnten als Ausdruck und Folge eines Dialoges. Dieser beginnt als Dialog zwischen Mutter und Kind und bezieht später auch andere nahe Personen ein. Es ist zunächst kein sprach-
licher Dialog, auch wenn ein Partner, die Mutter, in der Regel von
Anfang an Worte einbringt. Es ist eher ein sich vorantreibender
Dialog des Blick-, Berührungs- und Lautaustausches. Bei diesem
Dialog brachten die oben genannten Autoren in der Folge dann
jeweils unterschiedliche Phänomene bzw. Prozesse in den Blick.

Dem bei Bowlby anknüpfenden Ehepaar Grossmann etwa geht
es beim Individuationsprozeß in der Hauptsache um die Entwicklung von Bindungssicherheit versus Bindungsunsicherheit. Dabei
zeigt sich eine charakteristische Dialektik: Das Kind, das sich bei
der Mutter geborgen und von ihr angenommen weiß, kann sich
auch zunehmend Eigenständigkeit leisten. Das Erlebnis von Geborgenheit und Angenommensein schließt daher das von Auto-
nomseinkönnen und –dürfen nicht aus, sondern beide Erlebnisse

bedingen einander. Je nach Phase der Beziehung und kindlichen wie mütterlichen Entwicklung thematisiert sich solche Dialektik anders. Ein Einjähriger etwa vermag autonomer zu werden, indem er gehen lernt, gleichzeitig aber die Mutter zur Stelle weiß, sollte er auf die Nase fallen. Ein Sechsjähriger, ebenfalls um altersadäquate Autonomie bemüht, braucht die Mutter nicht mehr als jemand, der ihn körperlich aufrichtet, möglicherweise aber als jemanden, der ihn – etwa durch Zuspruch und Beweise von Vertrauen und Wertschätzung – seelisch stützt. Daher werden sich auch eher bindungsunsichere Kinder an die Mutter klammern als bindungssichere.

Als besonders aufschlußreich erweisen sich hier die Untersuchungen von Daniel Stern. Dieser Autor erforschte und erörterte im Kontext des beschriebenen Dialoges vor allem die Entwicklung des Selbstempfindens oder vielleicht genauer: der Selbstempfindungen des Kleinkindes. Seine Beschreibungen entsprechen weitgehend denen des Selbst, wie sie im vorigen Kapitel versucht wurden.

Selbstempfindungen beginnen sich schon früh, ja schon fast mit dem Tage der Geburt auszubilden. Nach Stern gehören dazu: das Empfinden, Urheber der eigenen Handlungen zu sein; das Empfinden körperlichen Zusammenhalts; das Kontinuitätsempfinden; die Wahrnehmung der eigenen Affektivität; das Empfinden, ein Subjekt zu sein, das zur Intersubjektivität mit anderen Menschen fähig ist; das Empfinden, aktiv eine innere Organisation zu entwickeln; und schließlich das Empfinden, Bedeutungen zu vermitteln. »Diese Selbstempfindungen«, schreibt Stern, »bilden die Grundlage für das subjektive Erleben normaler wie auch anomaler sozialer Entwicklung«, aber sie bilden auch, so dürfen wir nunmehr hinzufügen, eine Grundlage für eine gelingende Individuation überhaupt.

Sterns Beobachtungen und Überlegungen legen nahe: Selbstempfinden ist schon von Anfang an im Kinde angelegt. Es kann sich aber nur entwickeln und ausdifferenzieren, wenn sich, wie eben angedeutet, ein Dialog vorantreibt. Man kann sagen: Selbstempfinden erwächst immer wieder aus Wir-Empfinden, ist auf dieses angewiesen, erzeugt und spiegelt bei zunehmender Getrenntheit auch immer wieder Verbundenheit und bei Verbundenheit Getrenntheit. In diesem Sinne schreibt Daniel Stern: »Die Erfahrungen des Einsseins werden so als Gelingen einer aktiven Organisation des Zusammenseins mit dem anderen aufgefaßt und nicht als eine auf Passivität zurückzuführende Unfähigkeit, zwischen dem Selbst und dem anderen zu unterscheiden.«

Wir können nun aber weiter sagen: Individuation ist nur als bezogene Individuation möglich. Dabei bringt das Wort »bezogen« gleichsam immer das Wir und damit den/die anderen ins Blickfeld. Es bedeutet aber auch: Solange es Entwicklung gibt, ist eine völlige psychische Trennung des Individuums vom anderen undenkbar. Daher scheint es auch nicht angebracht, hier, so wie es etwa die amerikanische Psychoanalytikerin Margaret Mahler tat, von einem Prozeß der Individuation und Trennung (individuation/separation) zu sprechen.[8] Der Begriff »bezogene Individuation« legt vielmehr Prozesse nahe, die stets sowohl Individuation und Trennung als auch neue Formen und Ebenen von Bezogenheit ermöglichen und verlangen.[9] Die sich dadurch zum Ausdruck bringende Beziehungsdialektik beginnt und entfaltet sich in der Beziehung zwischen Mutter (oder deren Vertreter) und Kleinkind, bezieht dann aber zunehmend andere Familienangehörige und schließlich auch Nichtfamilienangehörige wie Gleichaltrige (Peers), Lehrer, gegengeschlechtliche oder gleichgeschlechtliche Partner usw. ein. Immer wieder lassen darin die Partner ihre unterschiedlichen Beiträge einfließen. Soweit es dabei um Familienbeziehungen geht, sprach ich auch von der jeweils fälligen familienweiten Ko-Individuation und Ko-Evolution.

Je nach Beobachterposition und Phase des Individuationsprozesses kommen darin unterschiedliche Themen und Phänomene ins Blickfeld. Ein Kleinkindforscher wie Daniel Stern wird anderes sehen und für wichtig erachten als ein Kindertherapeut. Das wird deutlich, wenn wir etwa Sterns Beobachtungen mit denen der amerikanischen Kindertherapeuten Denis M. Donovan und Deborah McIntyre[10] vergleichen. Alle drei Autoren erweisen sich als sensible Beobachter und Beschreiber der komplexen Entwicklung und Anpassungsfähigkeit von Kindern. Alle drei verstehen es, Theorie und Empirie in innovativer, einsichtsfördernder Weise zusammenzubringen. Und alle drei, so kann man sagen, beschreiben sensibel Wechselfälle der Dialektik von Ich und Wir. Aber während es Stern überwiegend mit nicht oder wenig gestörten Kindern und deren Beziehungspersonen zu tun hat, sehen sich die letzteren Autoren gefordert, schwer gestörten und häufig mißhandelten Kindern zu helfen. Aus den unterschiedlichen Beobachterpositionen und Aufträgen ergeben sich wiederum unterschiedliche Leitunterscheidungen, Perspektiven, Erkenntnisse und damit auch Handlungsanleitungen. Die unterschiedlichen Beobachtungen bereichern und ergänzen sich zum Teil, zum Teil klaffen sie auch auseinander und bedingen dann neue Fragen und erfordern neue Konzepte.

»Individuation mit« versus »Individuation gegen«

Mich brachten meine klinischen Erfahrungen mit insbesondere psychotisch und schwer psychosomatisch gestörten Klienten – viele von ihnen Jugendliche und junge Erwachsene – und deren Familien dazu, mit Blick auf die genannte Dialektik die Leitunterscheidung zwischen »Individuation mit« und »Individuation gegen« einzuführen.[11] Sie erwies sich vor allem unter therapeutischen Gesichtspunkten als fruchtbar.

Von einer Individuation mit den Eltern oder verkürzt »Individuation mit« kann man sprechen, wenn sich die Beiträge der Partner von diesen gleichsam unbemerkt und mühelos in Individuationsfortschritte umsetzen. Ein Beispiel dafür liefert die kindliche Sprachentwicklung. Das Kind lernt die Sprache wie von selbst im Austausch mit der Mutter und anderen ihm nahestehenden Menschen. Je mehr sich seine Sprache entwickelt und differenziert, um so mehr vermag es sich auch damit abzugrenzen, das heißt sich seiner eigenen Gefühle, Bedürfnisse, Ideen und Phantasien als unterschieden von den Bedürfnissen, Ideen und Phantasien anderer bewußt zu werden. So erweist sich Sprache als mächtiger Motor und mächtiges Instrument der Individuation. Zugleich erweist sie sich als ein Instrument, das einen immer differenzierteren zwischenmenschlichen Austausch und damit neue Erlebnisse bzw. Dimensionen von Bezogenheit ermöglicht. Denn die Sprache gestaltet sich nunmehr zu dem Medium, durch das sich gemeinsame Erinnerungen festhalten lassen, durch das Dankbarkeit, gegenseitige Erwartungen, Verpflichtungen und, damit einhergehend, auch immer differenziertere Gefühle artikulier- und abrufbar werden. Kurzum, die sich immer mehr differenzierende Sprache ermöglicht, indem sie mehr Getrenntheit erlaubt oder erzeugt, auch mehr Nähe und Bezogenheit.

Allerdings gibt es im Individuationsprozeß Situationen und Phasen, in denen sich die Beiträge der Partner nur unter den Zeichen eines Konfliktes in Individuationsfortschritte umsetzen. Um mich zu individuieren, muß ich auch Gegenpositionen in angemessener Sicht- und Erlebnisweite haben, muß ich auch bereit sein, das »Gegen« durchzuhalten, zu meiner eigenen Position zu stehen, Konflikte nicht zu scheuen und dadurch ein Gefühl der eigenen Identität und Integrität zu entwickeln und zu festigen. In diesem Falle läßt sich von einer Individuation gegen die Mutter oder die Eltern oder verkürzt von einer »Individuation gegen« sprechen. Phänomenologie und Wechselfälle sowohl von »Individuation mit« als auch »Individuation gegen« möchte ich nun mit Blick auf die im letzten Kapitel gelieferten Beschreibungen das Selbst genauer betrachten und dabei an das anschließen, was ich dort das Familienselbst/Gemeinschaftsselbst nannte.

Individuation in einer Mehrgenerationenperspektive

Wir können sagen: Die Dialektik von »Individuation mit« und »Individuation gegen« aktualisiert sich in der jeweils stattfindenden Mutter-Kind- und der daran anschließenden oder mit dieser einhergehenden Familienbeziehung. Aber solche Dialektik zeigt sich Familientherapeuten oft schon von Prozessen beeinflußt, die durch vorangehende Generationen geprägt sind. Vor allem Ivan Boszormenyi-Nagy – er wurde bereits erwähnt – sensibilisierte uns für diese Prozesse.

Ich selbst sprach in diesem Zusammenhang eher von Delegationen. Diese können so mit den Talenten und Neigungen eines Individuums harmonisieren, daß sie dieses weder unter- noch überfordern und damit zu dessen erfolgreicher Individuation beitragen. So stellen sich mir sowohl Goethe als auch Freud als delegationsbegünstigte Glückskinder dar.

Andere Individuen erscheinen dagegen schon von Geburt an extremen Delegationsbürden und -konflikten ausgesetzt. Ich denke etwa an eine junge Frau, die mir ihr Hausarzt mit der Diagnose »depressive Erschöpfungszustände« überwiesen hatte. Sie wirkte in der Tat bedrückt, angegriffen und erschöpft. Sie war Lehrerin und alleinerziehende Mutter eines kleinen Kindes. Von ihrem Mann, dem Vater ihres Kindes, lebte sie seit geraumer Zeit getrennt. Sie engagierte sich öffentlich für Frauenbelange, insbesondere für eine gerechte Behandlung alleinerziehender Mütter, verwendete aber auch viel Zeit und Energie auf die Pflege ihrer kranken und altersschwachen Mutter.

Es wurde deutlich, daß sie sich als Delegierte zweier Großmütter und einer Mutter erlebte, für die alle seinerzeit kein anderer Beruf als der einer Hausfrau in Frage gekommen war. Alle drei Frauen hatten sich von ihren Männern unterdrückt erlebt und dies meiner Patientin vermittelt. Diese erlebte sich nunmehr als von drei Seiten beauftragt, sich anders als nur als Hausfrau zu verwirklichen, und das hieß nun, jene Optionen zu nutzen, die sich innerhalb der Generationenfolge erstmals ihr eröffneten: sich einen Beruf zu wählen, der ihren Bedürfnissen entsprach und ihr Leben und ihre Beziehungen entsprechend diesen Bedürfnissen zu gestalten. Aber mit diesen Optionen verbanden sich auch die zuvor genannten Delegationen, die sich nun als schwer erfüllbar und konfliktträchtig erwiesen. Sie hätte sich fragen müssen: Was will ich für mich selbst, was tut (auch mir) gut, was überfordert mich, was bringt mich in einen Auftrags- und Loyalitätskonflikt? Wie weit haben meine Bedürfnisse nach Regeneration und Entspannung Vorrang vor oder gleichen Rang mit den mütterlichen und großmütterlichen Aufträgen – einschließlich des Auftrages, meine kranke und altersschwache Mutter zu pflegen? Aber in ihrem Fall erwies sich der Delegationsdruck als so stark, daß ein annehmbarer Kompromiß zwischen Regenerationsbedürfnis einerseits und den an sie delegierten Erwartungen andererseits nicht zustande kam.

Ihr chronischer depressiver Erschöpfungszustand ließ sich daher als Ausdruck und Folge einer nicht mehr hinterfragten Loyalitäts- und Auftragsbelastung verstehen.

Man kann somit sagen: Schon vor seiner Geburt baut sich für das Individuum ein Spannungsfeld auf, in dem eine Delegations-dynamik zur Wirkung kommt. Dieses Spannungsfeld wird schon früh verinnerlicht und beeinflußt Skripte, Lebenserzählungen und Handlungsprogramme. Und in all diesen bringt sich nun bereits eine Dialektik von »Individuation mit« versus »Individuation gegen« zum Ausdruck. »Individuation mit« bedeutet hier: Ich individuiere mich, indem ich mich meinen Eltern, Großeltern und möglicherweise anderen wichtigen Person loyal verbunden erlebe, deren Aufträge annehme, das von den Vätern Ererbte erwerbe, um es zu besitzen, und dadurch meinem Leben Richtung und Sinn gebe. »Individuation gegen« bedeutet demgegenüber: Ich wehre mich gegen überfordernde Loyalitäten und Beauftra-gungen, riskiere deshalb Ambivalenz und Konflikt, suche meinen eigenen Weg.

Man kann weiter sagen: Das durch die Dialektik von »Individua-tion mit« versus »Individuation gegen« gekennzeichnete Span-nungsfeld bringt sich (auch) in unserem inneren Parlament zum Ausdruck. Das, was ich dort Anteile, Bedürfnisse, Fraktionen bzw. Fraktionssprecher genannt habe, trägt nun die Züge, ja spricht möglicherweise mit den Stimmen wichtiger Familien-angehöriger wie Eltern, Großeltern oder auch Geschwister und läßt die zwischen diesen bestehenden Beziehungsmuster wieder auf-erstehen. Somit könnte man hier von einem Familienselbst, ge-nauer: einem durch die (mehr oder weniger konflikträchtigen) Be-dürfnisse, Erwartungen und Delegationen von Familienangehöri-gen gekennzeichneten Selbst sprechen.

Das heißt: In diesem Selbst bzw. diesem inneren Parlament mel-den sich nun (auch und wieder) die Eltern mit ihren unterschied-lichen Stimmen oder Delegationen zu Wort. Da spricht etwa der strenge, leistungsorientierte Vater, der im Innern als Dauerantrei-ber fortwirkt. Da taucht auch die Mutter auf, die dem Vater mit ihren Worten recht gibt, sich diesem aber mit ihrem Verhalten wider-setzt. Da finden sich möglicherweise die Geschwister, die sich je

nach Kontext und Stimmungslage als Freunde oder Rivalen darstellen. Da mischen sich vielleicht auch die Stimmen und Interessen von Lehrern, von Freunden, von Großeltern, anderen Verwandten und was auch immer ein. Und da versucht sich auch das
kleine Kind schüchtern zu Wort zu melden, als das man sich selbst
immer wieder fühlt und immer noch, wenn auch gleichsam in
einen Verschlag verbannt, mit sich herumträgt.

Gunther Schmidt berichtete mir von einer übergewichtigen
Klientin, an deren Schicksal deutlich wird, wie sich ein solches ver-
innerlichtes Familiendrama auswirken kann. Sie schien in einem
Verhaltensmuster gefangen, in dem Perioden lähmender Apathie
mit solchen einer hektischen Überaktivität abwechselten. Zeigte
sie sich gelähmt, aß sie auch mehr und ließ damit ihr Gewicht an-
steigen. Sie schien erst dann wieder aktiv und resolut handeln zu
können, wenn sie ein gewisses »Übergewichtssoll« erfüllt hatte.
Dem entsprach eine Maxime, die sie offenbar wortwörtlich verinnerlicht und zur Leitschnur ihres Verhaltens gemacht hatte: »Es
muß erst dick kommen«, das heißt: Erst wenn es dick kam, also,
wenn sie dick wurde, entwickelte sie genug Krisenbewußtsein und
damit auch genug Energie, um sowohl etwas in Gang zu setzen als
auch etwas gegen ihr Übergewicht zu tun. Die nähere Betrachtung
zeigte, daß hier verinnerlichte Vater- und Mutterfraktionen mit-
spielten. Auch die Mutter war übergewichtig gewesen, sie hatte
sich dem Vater untergeordnet, aber sich diesem auch – nicht zuletzt
sexuell – entzogen, indem sie sich ihre Pfunde zulegte und sich
unattraktiv zeigte. Den Satz: »Es muß erst dick kommen, dann
wird es anders«, hatte sie indessen wiederholt von ihrem Vater vernommen. Es ließ sich hier von der Individuation mit zwei Elternteilen sprechen, von denen die Klientin jeweils Verhaltensmuster
und Aufträge übernommen bzw. verinnerlicht hatte. Der dadurch
bedingte, innere und bislang als unlösbar erlebte Konflikt brachte
sich dann in ihrer Symptomatik zum Ausdruck.

Bei vielen anorektischen jungen Frauen beeindruckt dagegen
eher eine eskalierende »Individuation gegen«. Diese beherrscht
nun das Geschehen sowohl in deren innerem Parlament als auch in
deren Außen- und Familienbeziehungen. Im inneren Parlament
versucht sich sozusagen eine Fraktion des Selbst gegen eine andere

124

zu individuieren, die als animalisch, selbstverwöhnend, gierig, zügellos oder was auch immer, auf jeden Fall aber negativ bewertet und bekämpft wird. Aber auch in der Beziehung zu den Eltern (und möglicherweise Geschwistern) radikalisiert sich nun eine »Individuation gegen«. Denn dadurch, daß sie Nahrung verweigern, bis zum Skelett abmagern und sich in Lebensgefahr bringen, stellen diese jungen Frauen ein elterliches Verhaltens- und Glaubenssystem in Frage, in dem Fürsorge für andere – insbesondere eine oral verwöhnende Fürsorge – einen zentralen, vielleicht den zentralen Wert darstellt. Paradoxerweise führt nun gerade solche sich radikalisierende »Individuation gegen« dazu, daß sich die Bindung an die Eltern noch verstärkt: Deren Gedanken kreisen nun Tag und Nacht um die hungernde Tochter, während diese, die angstgetriebene elterliche Zuwendung sowohl ambivalent wünschend als auch fürchtend, ihren Hungerstreik verstärkt.

Bei genauerer Betrachtung zeigen sich Delegationsszenarien hinsichtlich der Dialektik von »Individuation mit« versus »Individuation gegen« noch unvergleichlich komplexer, als ich bisher andeuten konnte. Es spielen – unter anderem – noch Wahrnehmungen von gewährter oder vorenthaltener Gerechtigkeit, von Bevorzugung oder Benachteiligung im Geschwisterkreis, von einem sich ausgleichenden oder nicht ausgleichenden Geben und Nehmen über die Generationen hinweg eine Rolle.

Eine junge Frau von überdurchschnittlicher Intelligenz etwa bricht verschiedene Studiengänge ab. Sie verliebt sich auch immer wieder in jüngere arbeitslose Intellektuelle, die verdeckt oder offen gegen das bürgerliche Establishment rebellieren. Von einem dieser jüngeren Männer wurde sie schwanger. Obwohl ihr Vater sich daraufhin von ihr abwendete und eine Abtreibung von ihr verlangte, trug sie das Kind aus. Es stellte sich heraus: Ein Großvater, den sie verklärt, war ebenfalls ein intellektueller Rebell gewesen. Als Antifaschist hatte er sich öffentlich hervorgetan, aber im bürgerlichen Leben war er gescheitert. Sie verachtete ihre Mutter wegen ihrer bürgerlichen Routineexistenz. Dennoch blieb sie an diese gebunden und ständig mit dem Gedanken beschäftigt, sie, die Mutter, könne sich das Leben nehmen, weil ihr der Lebensinhalt fehle. Es ergibt sich, daß die Mutter das Enkelkind mit Freuden aufnimmt und aufzieht und in dieser Aufgabe aufblüht. Das, was im beruflichen und Liebesleben wie Selbstsabotage, ja Chaos anmutet, findet seine Entsprechung in ihrem inneren Parlament. Auch darin scheinen sich widerstreitende Anteile und Bedürfnisse gegenseitig zu lähmen, scheint eine Ambivalenz bzw. Polyvalenz anzudauern, die verhindert, daß sich tragfähige, mit Wohlbefinden einhergehende Kompromisse einstellen und damit auch eine effektive Außenvertretung möglich wird, in der sich nun auch ein zielstrebiges und intrinsisch motiviertes Handeln bezeugt.

Wie immer aber auch die Dialektik von »Individuation mit« und »Individuation gegen« durch die Beiträge vorausgehender Generationen vorgebahnt scheinen mag, entscheidend bleibt, ob und wie ein Individuum diese übernimmt, sie für sich deutet, sich damit auseinandersetzt. Vieles wirkt hier zusammen. So kann es einen Unterschied machen, ob und wie bestimmte Familiengeschichten angeboten, rezipiert und modifiziert werden, ob und wie in der Beziehung zu den Eltern (oder wer an ihre Stelle tritt) Bindungssicherheit oder -unsicherheit zur Wirkung kommen und ob und wie der Fahrplan der Individuation bzw. Ko-Individuation mehr oder weniger alters- und entwicklungsangemessen eingehalten wird.

»Individuation mit« bedeutet nun: Ich lasse mich beim Verfassen meiner Geschichten von nahen anderen inspirieren, lasse mir von diesen Rahmen und hauptsächliche Thematik liefern, erlaube mir, aus dem tradierten Fundus von Familiengeschichten zu schöpfen. »Individuation gegen« bedeutet indessen: Ich verfasse meine eigene Geschichte, erlebe mich als dafür verantwortlichen Autor, stelle Geschichten, die meine Individuation blockieren, in Frage und verwerfe sie, wenn nötig. Das trifft vor allem auf Geschichten zu, die sich zu einengenden Skripten verdichtet haben und/oder massiv vergangenheits- und pathologielastig geworden sind.

Und dabei gilt: Je bindungssicherer (im Sinne des Ehepaars Grossmann) wir uns in unseren Ursprungsfamilien erleben, um so eher können wir es uns leisten, aus deren Geschichtenangebot differenzierend das zu übernehmen, was zu uns paßt, was uns gut tut. Wenn solche Sicherheit fehlt, kann uns das veranlassen, uns früher oder später möglicherweise in einer Art Rundumschlag von den uns beherrschenden und einengenden Geschichten zu befreien. So etwa ein Jugendlicher: »Alles, was mir meine Eltern einzutrichtern versucht haben, ist Mist. Ich wünschte, ich könnte mit neuen Eltern neu anfangen.« Man kann sagen: Während der 68er-Bewegung verbündeten sich große Teile der jungen Aktivisten zu einem Befreiungsschlag gegen die Elterngeneration. In diesem Befreiungsschlag radikalisierte sich gleichsam deren »Individuation gegen« im Verwerfen aller von den Eltern angebotenen Geschichten.

Zum Fahrplan der Individuation

Mit Blick auf das, was sich in der Eltern-Kind-Beziehung ereignet, kann man weiter sagen: Wenn der Fahrplan der Individuation stimmt, dann balancieren sich »Individuation mit« und »Individuation gegen« immer wieder aus und stellen sich als notwendige Momente einer Beziehungsdialektik dar. Das heißt aber auch: Verhaltensweisen und Beiträge der Eltern und Kinder, die auf den ersten Blick als widersprüchlich erscheinen könnten, erweisen sich bei näherer Betrachtung aufeinander bezogen und sich gegenseitig steuernd.

So sollte sich, wie soeben angedeutet, das Kind im Zuge des Ko-Individuationsprozesses hinsichtlich seiner Gefühle, Ideen, Phantasien von den Gefühlen, Ideen, Phantasien der anderen, und gerade auch seiner nahen anderen, abgrenzen können. Aber das scheint nur möglich, wenn dieselben ihm beim Grenzenziehen entgegenkommen, d. h. sich selbst differenzierend abgrenzen und sich dabei einer Sprache bedienen, die Abgrenzung erleichtert. Das Kind sollte es aber auch wagen können, zeitweilig den Grenzenverlust zu riskieren. Und auch dazu sollten die Eltern ihren Beitrag leisten. Sie sollten es – wie auch immer – mitermöglichen, daß das Kind solchen Grenzenverlust nicht nur als letztlich ungefährlich, sondern auch als bereichernd erleben kann. So lernt/weiß das Kind: Es kann sich auch loslassen, kann sich auch im Sich-Verschmelzen mit der Mutter regenerieren, kann sich dadurch neue Kräfte erschließen, so wie es dies später, möglicherweise infolge solch früher bereichernder Verschmelzungserfahrung, einmal bei der Hingabe im sexuellen Orgasmus erleben kann.

Oder weiter: Um sich eigene Ziele und Werte zu eigen machen zu können, sollte dieses Kind auch ein überschaubares, seinem Alter, Wahrnehmungs- und Verarbeitungsvermögen angemessenes Angebot von Werten und Zielen zur Verfügung haben – ein Angebot, das ihm früher oder später davon auszuwählen oder auch abzuwandeln erlaubt, was zu ihm paßt. Und dieses Angebot kann zunächst nur von den Eltern oder deren Vertretern kommen. Um sich in die Welt hinauszuwagen, dabei seine Neugier zu befriedigen, Kompetenz und Initiative zu entwickeln, sollte es sich (zunächst) von nahen anderen – eben in der Regel den Eltern – wichtig genommen und wertgeschätzt erlebt haben. Um sich selbst als begehrenswert zu erfahren und begehrenswert aufzutreten, sollte es – irgendwie, irgendwann – für nahe andere begehrenswert gewesen sein. Um auch trotz späterer Enttäuschungen und Vertrauensbrüche in bezug auf seine menschliche Umwelt hoffnungsvoll und lebensbejahend zu bleiben, sollte es ursprünglich in seinem Vertrauensverlangen und seiner Vertrauensbereitschaft nicht enttäuscht worden sein. Um später Menschen (und damit auch sich selbst) in ihrem So-Sein mit ihren Grenzen und Mängeln annehmen zu können, sollte es auch einmal die Chance gehabt und genutzt haben, ihm nahe Menschen (in der Regel eben wieder die Mutter) zu idealisieren und sich in solcher Idealisierung zu spiegeln. Um einmal mit der Komplexität menschlicher Beziehungen fertigzuwerden, ja diese immer wieder als bereichernd zu erleben, sollte es, gerade was die Beziehungen in seiner Ursprungsfamilie anbelangt, Ordnung, Verläßlichkeit und Vorausschaubarkeit kennengelernt haben. Um in späteren Beziehungen Konflikte relativ angstfrei riskieren und durchstehen zu können, sollte es in seiner Ursprungsfamilie die Erfahrung gemacht haben, daß Konflikte erlaubt, notwendig und ohne Dauerverletzung und Dauerverstimmung zu bewältigen sind.

Vieles, was hier widersprüchlich oder unvereinbar aussehen mag, wird indessen vereinbar, sobald wir die Zeit einführen. Oder, um bei dem Bild des Individuationsfahrplanes zu bleiben: In diesem Fahrplan zeigen sich bei Beachtung der benötigten Zeitspannen die einzelnen Stationen und Wegstrecken nunmehr so aufeinander abgestimmt, daß fällige Lern- und Individuationsschritte des

Kindes und elterliche Beiträge zur Beziehung zueinander passen und das, was zunächst widersprüchlich, konfliktträchtig und unvereinbar anmutete, sich eben als notwendiges Moment eines gelingenden Prozesses bezogener Individuation erweist. Und Widersprüche und Unvereinbarkeiten vermindern sich weiter, sind Wegstrecken und Stationen durch die Gesellschaft klar markiert.

Das aber, so sahen wir, ist in der Moderne und Postmoderne offenbar immer weniger der Fall. Und wie um dem entgegenzusteuern, scheinen nun Erforscher und Theoretiker der Entwicklung des Kindes bemüht, Wegstrecken und Stationen in dessen Individuationsfahrplan festzuschreiben. Sie markieren dazu Phasen der Entwicklung, die auseinander hervorgehen und sich aufeinander abstimmen.

Das gilt etwa für Piagets[12] Thesen. Danach ist die psychische Entwicklung des Kindes – und damit auch die Entwicklung von dessen Erkenntnisvermögen, Intelligenz, Logik, moralischem Urteil und Lösungsverhalten – an auseinander hervorgehende Entwicklungsphasen gebunden. Das gilt auch für psychoanalytische Vorstellungen von Phasen der Entwicklung, welche lebensgeschichtlich fällige Themen, Aufgaben und/oder Konflikte aktualisieren – so etwa für die Vorstellung einer oralen, analen, ödipalen (bzw. phallischen) und postödipalen Phase bei Freud[13], oder so auch für die Vorstellungen eines Erik Erikson[14], demzufolge die Dichotomien von Urvertrauen versus Mißtrauen, Autonomie versus Scham und Zweifel, Initiative versus Schuld, Selbstachtung versus Selbstabwertung, Identität versus Identitätsdiffusion, Intimität versus Isolation, innere Aktivität versus Selbstabsorption und Integrität versus Ekel und Verzweiflung entscheidende Phasen der Entwicklung abstecken.

In den genannten Entwicklungsmodellen macht sich der Fahrplan der Individuation vorwiegend am sich entwickelnden Individuum fest. Seine menschliche Umwelt und damit auch das, was dazu Eltern phasengerecht beisteuern sollten oder könnten, wird kaum oder nicht thematisiert.

Demgegenüber entwerfen neuere Modelle auch Phasen der Familien- und Elternbeziehung, die sich mit denen des Kindes verschränken. Sie werden der Vorstellung einer familienweiten

Ko-Evolution und Ko-Individuation eher gerecht als indidviduumzentrierte Modelle. Dazu rechnen die eher allgemein gehaltenen, am Familienlebenszyklus orientierten Theorien Jay Haleys[15] und Monika McGoldricks[16] und die sogenannte epigenetische Theorie Lyman Wynnes[17]. Letztere beschreibt Phasen, die eine Paarbeziehung durchlaufen sollte, will sie den – wiederum nach Phasen variierenden – Anforderungen an Elternschaft genügen. Auch bei Wynne zeigen sich, ähnlich wie bei Erik Erikson, phasenspezifische Aufgaben. Sie werden entweder gelöst oder nicht gelöst und stellen so oder so die Weichen für die nachfolgende Entwicklung der Beziehung. Wynne rechnet dazu care-giving, communication, joint-problem-solving, mutuality und schließlich intimacy, zu deutsch: Fürsorge, Kommunikation, gemeinsames Problemlösen, Gegenseitigkeit und Intimität. Hier ist der Individuationsfahrplan des Kindes gleichsam mit dem Beziehungsfahrplan der Eltern synchronisiert, entsteht im Ansatz ein Fahrplan für bezogene oder eben Ko-Individuation.

Tatsache bleibt indessen: Je mehr sich im Zuge der Postmoderne Beziehungsformen und Familienstrukturen individualisieren, um so mehr individualisieren sich auch die Fahrpläne der Individuation. Man kann immer weniger von einem normativen oder Standardfahrplan ausgehen, worin die Beiträge der Beziehungspartner – also vor allem die von Eltern und Kindern – festliegen und sich entwicklungs- und phasengerecht aufeinander abstimmen. Denn Fahrpläne geraten nur allzu leicht durcheinander, wenn ein vielbeschäftigter Elternteil Kinder alleine aufzieht, wenn Kinder zwischen getrennt lebenden Eltern pendeln, wenn sie in Stieffamilien aufwachsen oder zwei berufstätige Eltern bei ihrer Betreuung immer wieder zum Improvisieren oder Experimentieren gezwungen sind. So werden Phasenmodelle der Entwicklung überhaupt relativiert, während die Nachfrage nach ihnen – nicht zuletzt sie versprechen Halt in einer sich immer haltloser zeigenden Welt – eher wächst.

Aber auch wenn sich immer weniger von Standardfahrplänen und Gesetzlichkeiten der Individuation ausgehen läßt, bedürfen wir – nicht zuletzt als Kliniker – eines Orientierungsrahmens, der uns Wechselfälle der gelingenden oder mißlingenden Ko-Indivi-

130

duation in den Blick bringt. Bei solchem Rahmen kann es sich indessen nur um eine Idealtypologie handeln.

Bei Idealtypen handelt es sich Max Weber zufolge um begriffliche Konstruktionen, die der vergleichenden Analyse dienen. Sie sind nützlich, auch wenn ihnen in der Realität kein Einzelfall genau entspricht. Eine Idealtypologie gleicht einem Netz, mittels dessen wir gelebtes und sich ständig wandelndes Leben einzufangen versuchen. Dabei reißen wir dessen Elemente aus ihrem Zusammenhang, frieren wir sie gleichsam ein. Was wir einfangen, ist ein lebloses Produkt, vergleichbar dem toten Gewebe, das ein Pathologe unter dem Mikroskop betrachtet. Es bedarf einiger Vorstellungskraft, um das tote wieder als lebendiges Gewebe wahrzunehmen und zu denken. Dennoch können wir weder auf Idealtypologien noch auf Mikroskope verzichten.

Im folgenden geht es um idealtypische Szenarien, die Extreme darstellen. Sie bringen Wechselfälle des Ko-Individuationsprozesses vor allem wieder im Lichte der Unterscheidung zwischen »Individuation mit« und »Individuation gegen« in den Blick. So gewinnen wir einen weiteren Ausblick auf das Spannungsfeld, worin sich die durch diese Begriffe bezeichnete Dialektik vorantreibt oder verrennt. Dies wiederum spiegelt sich nun in unterschiedlichen Beziehungskonstellationen, Beziehungsspielen und Symptombildern wider, die unterschiedliche therapeutische Vorgehensweisen erfordern.

Bindung versus Ausstoßung

Ich beginne mit den zwei Szenarien, die ich bereits 1975 beschrieben habe[18]: Bindung und Ausstoßung. In beiden Szenarien kommen postmoderne gesellschaftliche Trends zum Ausdruck. So bezeugt sich in beiden die für die Postmoderne charakteristische Bedrohung der traditionellen Familien-Gemeinschaft und des durch diese ausgesteckten Fahrplans der Individuation. Im Zuge sich verstärkender Individualisierungstendenzen zeigt sich diese Gemeinschaft, wie schon angedeutet, zunehmend gefährdet. Jedoch bewirkt solche Gefährdung nun Unterschiedliches. Im einen

Falle scheint sie dazu zu führen, daß Familien – oder Subsysteme davon – für einzelne Menschen noch mehr an Bedeutung gewinnen: Sie läßt die Mitglieder noch enger zusammenrücken, noch mehr den Schulterschluß suchen. Im Vergleich zu früheren Epochen erscheint Familie noch mehr als Schutzburg, als Hafen in einer herzlosen Welt und als Hort lebensanleitender und sinnstiftender Erfahrungen, Werte, Modelle und Aufträge. Hier ist dann das Familiengeschehen durch Bindungsdynamik bestimmt: Beim fälligen Individualisierungsprozeß überwiegen zentripetale Tendenzen.

Bindung erweist sich dabei als Ausdruck und Folge rekursiver Prozesse, in denen verschiedenste Momente zur Wirkung kommen. Dazu gehören bindungszementierende Geschichten und damit verbundene Skripte und Grundannahmen wie »Ich bin alleine nicht überlebensfähig« oder »Niemand darf alleine zurückbleiben«, »Wir sind auf Gedeih und Verderb aufeinander angewiesen«, »Mir geht es nur gut, wenn es dem/den anderen gutgeht«, »Mein Selbstwert, meine Rolle, meine Funktion sind durch meine Familienmitglieder definiert«. Solche Grundannahmen fördern ein Verhalten, das man als überfürsorglich, konfliktvermeidend und harmonisierend beschreiben kann. Dieses Verhalten wirkt wiederum bestätigend und verstärkend auf Geschichten und Grundannahmen zurück. Damit gehen Einstellungen, Erlebnisse und Gefühle einher, die sich ebenfalls als Bedingung wie auch als Folge von sich verstärkender Bindung verstehen lassen: so das Gefühl einer starken Familienverbundenheit und Loyalität. So das Erlebnis, nur in der Familie wichtig, draußen aber ein Nichts zu sein. So die Einstellung und Erwartung, anderen Familienmitgliedern gegenüber verpflichtet, aber auch anspruchsberechtigt zu sein – verpflichtet und anspruchsberechtigt etwa im Hinblick auf Liebe, Verwöhnung, Fürsorge, Beachtung. So auch eine Sensibilität für sowohl feinste Zuneigungs- wie auch Abneigungsgesten von seiten derer, an die man sich gebunden erlebt, und dies verbunden mit einer inneren Buchführung, die genau registriert und aufbewahrt, was man im Familiensystem jeweils an Gutem oder Schlechtem getan oder erlitten hat.

Das andere Szenarium, das uns Wechselfälle postmoderner Individuation in den Blick bringt, läßt sich als Ausstoßung beschreiben. Auch darin kommt die Gefährdung der Familiengemeinschaft zum Ausdruck. Aber diese Gefährdung führt nun nicht wie im Bindungsszenarium zum engeren Schulterschluß zwischen den Betroffenen, führt also nicht zu den beschriebenen rekursiven bindungserhaltenden, ja bindungsverstärkenden Prozessen, sondern führt nun zum – partiellen oder vollständigen – Zusammenbruch der Familiengemeinschaft überhaupt und führt, damit einhergehend, zur Ausstoßung einzelner oder mehrerer Mitglieder.

Dieser Zusammenbruch kann sich dramatisch, in großem Maßstab und für alle sichtbar vollziehen. Beispiele dafür liefern Dritte-Welt-Länder: Ähnlich wie bei der Industriellen Revolution des letzten Jahrhunderts werden traditionelle Familien- und Stammesgemeinschaften – besonders indessen wieder die Familiengemeinschaft – auseinandergerissen und zerstört. Ländliche Großfamilien verlieren so ihre Existenzgrundlage und verpflanzen sich – ganz oder teilweise – in die Ghettos krebsartig wuchernder Metropolen, wo es nun an allem fehlt: an menschenwürdigen Wohnmöglichkeiten, an Arbeit, an einem sozialen Netz, an Rechtssicherheit, an handlungsanleitendem Lebenssinn. Und das bedeutet für unzählige Betroffene, insbesondere jedoch für die Kinder: Sie werden überflüssig, für niemanden wichtig, eine bloße Last, ja erscheinen häufig wie Ungeziefer, das es auszurotten gilt. In Rio de Janeiro allein werden jährlich Hunderte solcher Kinder durch sogenannte Killerkommandos umgebracht.

Sind Ausstoßung und deren Folgen in den Entwicklungsländern eher dramatisch und für alle sichtbar, so bleiben diese in den westlichen Industrienationen eher verdeckt. Zerfällt hier die Familiengemeinschaft, landen die Kinder nur selten auf der Straße. Sie kommen irgendwo unter, sei es bei dem einen oder anderen Elternteil, der unwillig und (mehr oder weniger) schuldbewußt diese Last auf sich nimmt, oder die Gesellschaft bzw. deren soziale Dienste nehmen sich ihrer an. In vielen Fällen handelt es sich um Scheidungswaisen: Kinder, die ihren Eltern, die einen Neuanfang machen wollen, so oder so im Wege stehen. Als nach der Wende zahllose Bürger aus der ehemaligen DDR im Westen – sei dies mit einem neuen Partner, sei dies mit einer neuen Arbeit – einen neuen Anfang zu machen versuchten, ließen sie Hunderte von Kindern einfach zurück. Aber auch dort, wo Ausstoßung verhältnismäßig verdeckt erfolgt und zumindest die materielle Versorgung der Kinder gesichert erscheint, bleibt bei diesen häufig das Gefühl, überflüssig und den Menschen, die sich mit ihnen beschäftigen, eine Last zu sein. Diese Erfahrung teilen sie dann mit den Ausgestoßenen der Dritten Welt.

Postmoderne gesellschaftliche Entwicklungen begünstigen somit in der westlichen Welt sowohl ein Bindungs- als auch ein Ausstoßungsszenarium. Diese Szenarien finden sich hier nebeneinander, ja gehen ineinander über, gehen auseinander hervor.

An unserem Heidelberger Institut konnten wir Erfahrungen vor allem mit stark gebundenen Systemen sammeln. Dazu zählen insbesondere Familien und Paare, bei denen sich schwere psychosomatische Störungen (vor allem auch Anorexia und Bulimia nervosa) wie auch schizo-affektive und manisch-depressive Psychosen zeigten. Daneben hatten wir es im Laufe der Jahre immer wieder mit schizophrenen Störungen zu tun, bei denen sich ebenfalls überwiegend eine Bindungsdynamik beobachten ließ.

Zwei extreme Bindungsszenarien

Je mehr wir Gelegenheit hatten, gebundene Systeme zu beobachten und miteinander zu vergleichen, um so deutlicher ließen sich innerhalb des Bindungsspektrums wieder zwei Extrem-Szenarien ausmachen.

Das eine begegnete uns beim Vorherrschen einer extrem weichen Beziehungsrealität. Ich spreche von weicher Realität, wenn – zumindest für einen Außenstehenden – die Aussagen und Positionen der Beziehungspartner unklar bleiben, diese aneinander vorbeizureden, sich gegenseitig zu vernebeln, zu mystifizieren, ja verrückt zu quatschen scheinen, sich immer wieder Double-Binds bzw. Beziehungsfallen erkennen lassen und der sich um klare Kommunikation bemühende Therapeut oder Beobachter mehr und mehr den Eindruck gewinnt, in Dünensand zu waten. Diese Form von Beziehungsrealität konnten wir vorwiegend in Familien mit schizophrenen Angehörigen beobachten.

Solche Weichheit der Beziehungsrealität bedeutet indessen: Es gibt keine genügend klar und lange genug festgehaltenen elterlichen Einstellungen und Positionen, die es etwa einem Heranwachsenden erlauben könnten, sich dagegen zu individuieren und damit auch ein höheres Niveau bezogener Individuation zu erreichen. Es fehlen somit die Voraussetzungen für eine gelingende »Individuation gegen«. Wenn diese Voraussetzungen fehlen, dann bleibt solchem Heranwachsenden kaum etwas anderes übrig, als sich im herrschenden Beziehungs- und Kommunikationsnebel einzurichten. Das heißt aber auch: Er vermag seine eigenen Ziele, Bedürfnisse, Wünsche und Werte nicht von den Bedürfnissen, Wünschen und Werten der anderen abzugrenzen, geschweige denn seine eigenen Ziele zu verfolgen, und das bedeutet eben: Er bleibt weiterhin gebunden. Und bei solchem Sich-heimisch-Machen (oder Gefangenbleiben) im Beziehungsnebel, bei solcher Gebundenheit im Kontext einer weichen Beziehungsrealität können auch Konflikte und Kontroversen weder klar benannt noch gefahrlos ausgetragen werden. Es fehlt eine Familienkultur, in der man sich streiten kann, ohne daß man sich gegenseitig verletzt oder etwas nachträgt. (Solche Streitkultur zeigt sich uns als Voraussetzung und Ausdruck nicht nur einer funktionierenden Familiendemokratie, sondern einer Demokratie überhaupt.) Kurzum, in dem beschriebenen bindenden weichen Beziehungsszenarium bleiben Konflikte unausgesprochen – was freilich nicht verhindert, daß diese im Familienuntergrund weiterschwelen und ihre Explosivkraft behalten.

Das zweite extreme Bindungsszenarium begegnet uns beim Vorherrschen einer besonders harten Beziehungsrealität. Auch hier erscheint eine »Individuation gegen« erschwert oder zum Scheitern verurteilt: Unterschiedliche Sichten, die sich auf Verhalten und Motive der Systemmitglieder beziehen, werden mit unnachgiebigem Objektivitäts- und Wahrheitsanspruch vertreten. Man verhält sich so, als handele es sich um unumstößliche, keines Beweises bedürfende naturwissenschaftlich gestützte Gesetze und Fakten. Und damit sind Kämpfe um Definitionsmacht und Definitionsrecht vorprogrammiert. Diese Kämpfe drohen um so erbitterter und anhaltender ausgetragen zu werden, je mehr man totale Ausstoßung und Entwertung durch den/die anderen fürchtet. Und das ist immer zu erwarten, lassen sich die Systemmitglieder von Geschichten und Grundannahmen leiten, die etwa besagen: »Ich bin alleine nicht überlebensfähig« oder auch: »Meine Rolle, Funktion und Selbstwert bestimmen sich ausschließlich durch den Vergleich mit den nahen anderen und durch das, was diese von mir denken und erwarten«. Es bleibt dann dem/der »Unterlegenen« nur die totale Unterwerfung unter das Systemmitglied, das sich mit seiner stärkeren Realität durchsetzt. Oder man kämpft weiter und erzeugt schließlich die Art von Pattsituation, die ich als »malignen Clinch« beschrieben habe. Was auch immer geschieht, die fällige »Individuation gegen« bleibt auf der Strecke: Es bleibt bei massiver Gebundenheit, und es bleibt bei einer Blockade der nötigen Entwicklung einer bezogenen Individuation. Dieses zweite Extrem-Szenarium konnten wir in Heidelberg vor allem bei Familien beobachten, bei denen es zu schweren psychosomatischen Störungen und/oder manisch-depressivem Verhalten gekommen war.

Individuation und Ambivalenz

Individuation bedeutet, wie wir sahen, nicht zuletzt das Ertragen der Spannung der Ambivalenz, wenn nicht Polyvalenz. Man könnte auch vom nötigen Sich-zu- eigen-Machen von Ambivalenz oder von der jeweils aufzubringenden Ambivalenz-Toleranz sprechen. Dieses Moment der Individuation läßt sich nun im Lichte einer fälligen »Individuation gegen« noch genauer betrachten.

Es geht hier um das Erkennen, das (mehr oder weniger) korrekte Benennen und vor allem eben das Ertragen-Können von (wirklich oder scheinbar) miteinander im Widerstreit liegenden Bedürfnissen und Antrieben, von möglicherweise bereits mehrgenerational übermittelten Verpflichtungen und Aufträgen, es geht um die Konflikte der widerstreitenden Seelen in unserer Brust, die wir (auch) als Fraktionen unseres inneren Parlaments kennengelernt haben. Um nun meine Individuation und vor allem: meine »Individuation gegen« vorantreiben zu können, muß ich solche Konflikte zunächst in mir selbst, oder eben in meinem inneren Parlament bewältigt haben. Erst dann ist zu erwarten, daß ich auch in meinen Außenbeziehungen, und das heißt nun: im Diskurs mit den Systemmitgliedern, mit nur einer, das heißt meiner eigenen, klaren und deutlichen Stimme zu sprechen vermag.

Daher kann man sagen: Ambivalenzbewältigung bedeutet innere Konfliktbewältigung, und diese zeigt sich uns wiederum als Folge wie auch als Voraussetzung einer gelingenden innerfamiliären und interpersonalen Konfliktbewältigung, ja zeigt sich als Folge wie auch als Voraussetzung einer erfolgreichen Konfliktbewältigung im sozialen und politischen Feld überhaupt.

Innerpsychische und interpersonale Konfliktbewältigung, das folgt daraus weiter, lassen sich als aufeinander bezogene Momente einer Systemdynamik sehen. Das »Individuum im System« und das »System im Individuum« erweisen sich als letztlich nicht voneinander trennbar, obschon unsere Sprachgewohnheiten und unkritisch übernommenen Leitunterscheidungen eine solche Trennung immer wieder erzwingen mögen.

Immerhin: Betrachten wir sowohl individuum-zentrierte psychoanalytische als auch kontext-sensible systemische Ansätze der letzten Jahrzehnte, geben sich Tendenzen zu erkennen, die dazu angetan scheinen, solche Trennung sozusagen von zwei Seiten her zu überwinden.

Um den hier waltenden komplizierten Verhältnissen gerecht zu werden, bedienen sich etwa psychoanalytische Autoren des von Melanie Klein[19] eingeführten Konzeptes der projektiven Identifikation: Ein Beziehungspartner erlebt etwa einen Teil seiner selbst als böse, bedrohlich, schambesetzt. Anstatt sich nun diesen Teil zu eigen zu machen und die Spannung der Ambivalenz zu ertragen, projiziert er diesen auf einen (zumeist nahen) anderen. Der wird nun als böse, bedrohlich oder moralisch verwerflich wahrgenommen. Zugleich bringt ein solcher Beziehungspartner den anderen – sei dieser die Mutter, sei dieser ein Kind, sei dieser ein Ehepartner, sei dies ein Therapeut – dazu, den abgespaltenen und projizierten Anteil auch mehr oder weniger zu »verkörpern«, sich diesem entsprechend zu verhalten, sich mit diesem zu identifizieren. Das bedeutet dann auch ein (mehr oder weniger freiwilliges) Mitspielen des anderen. Es handelt sich nicht mehr nur um eine intrapsychische, sondern auch um eine interpersonale Dynamik.

Lyman Wynne [20] – ich nannte ihn bereits einen Pionier der Familientherapie – hatte etwas Ähnliches im Sinn, als er vom »trading of dissociations«, dem Aushandeln der Dissoziationen in einer Familie sprach. Wir erleben beispielsweise Vater und Sohn im Clinch: Der Vater wirft dem Sohn konstant ein – in der Sicht des Vaters – feminines und softiehaftes, ja »homosexuelles« Gebaren vor, der Sohn dagegen dem Vater dessen kapitalistisches Machogetue. Jeder bekämpft im anderen einen Persönlichkeitsanteil, den er in sich trägt, der ihm zu schaffen macht, den er aber sich selbst nicht zu eigen zu machen vermag. Dabei kann man durchaus von einem Aushandeln, von einem trading sprechen. Als »Tradingpartner« muß der andere einerseits nah genug sein, um für eine dauernde Auseinandersetzung mit dem eigenen abgespaltenen und projizierten Anteil zur Verfügung zu stehen. Andererseits muß er fern genug bleiben, um als sicherer Verwalter der eigenen abgespaltenen und bekämpften Anteile dienen und wahrgenommen werden zu können.

Ein ähnlicher Handel bringt sich in dem von Jürg Willi [21] eingeführten Begriff der Kollusion zum Ausdruck. Indessen hat bei ihm solch Handel zunächst die Züge einer von beiden Partnern akzeptierten und positiv erlebten Funktions- und Arbeitsteilung. So etwa die Arbeitsteilung zwischen einem, wie Willi es nennt, Primärnarzißten und einer Sekundärnarzißtin. Der Primärnarzißt zeigt sich uns beispielsweise als erfolgreicher Playboy-Yuppie, zu dessen Statusregalien auch die schöne junge Partnerin gehört, mit der er in seinem Porsche herumfährt und in den Ferien auf die Bermudas jettet. Die Sekundärnarzißtin wiederum sonnt sich in seinem Yuppieglanz. Allerdings: Sobald sich die Sekundärnarzißtin selbst in eine Primärnarzißtin zu verwandeln sucht, d. h., sich die an den Yuppie abgetrennten Persönlichkeitsanteile zu eigen zu machen sucht, wird sich dieses Partnersystem destabilisieren, bleibt es nicht nur bei einer »Individuation mit«, wird es darin zu Konflikten kommen und wird auch hier – unter anderem – die bislang vermiedene »Individuation gegen« den Partner fällig.

Wir können sagen: In solchen Kollusionen oder in solchem Aushandeln der Dissoziationen bringen sich Wechselwirkungen zum Ausdruck, die sowohl in den jeweiligen inneren Parlamenten (mit den sich darin abspielenden Beziehungen) als auch den Beziehungen der Systemmitglieder untereinander zur Wirkung kommen. Zeigt sich nun die Beziehungsrealität insgesamt erweicht, dann fehlen, wir sahen es, einer fälligen »Individuation gegen« die Gegenpositionen und damit auch die Voraussetzungen, die nötig wären, um interfamiliäre Konflikte überhaupt erleb-, artikulier- und austragbar zu machen. Es fehlt dann aber auch der äußere Stachel, der jeweils die mit sich zerstrittenen inneren Konfliktparteien eines Individuums veranlassen könnte, ihren Zwist hintanzustellen, um nach außen hin geschlossen auftreten und nun auch, wenn es sein muß, (Außen-)Konflikte riskieren zu können. Andererseits kann man sich vorstellen, daß den inneren Konfliktparteien und der inneren Exekutive jeweils (aus welchen Gründen auch immer) die Instrumente und Strategien für eine erfolgreiche innere demokratische Konfliktbewältigung fehlen, – mit dem Resultat, daß auch dadurch die Erweichung der Beziehungsrealität fortschreitet.

Beim Vorliegen einer harten Realität sind dagegen, wir sahen es, die Positionen der Beziehungspartner so unbeweglich und verhärtet, daß der fällige Individuationsprozeß ebenfalls stagniert – wenn auch unter gegensätzlichen Vorzeichen. Alle Versuche, die »Individuation gegen« voranzutreiben, führen nun entweder zu einem Kampf um Definitionsmacht und Definitionsrecht, der in malignem Clinch und/oder gegenseitiger Zerstörung mündet, oder sie enden in der totalen Unterwerfung des um Individuation bemühten Partners. Auch hier dürfte sich in den Außenbeziehungen widerspiegeln, was sich im inneren Parlament des einen oder aller Beziehungspartner abspielt. In der Tat kann hier von einem inneren Parlament nun kaum mehr die Rede sein. Denn auch zwischen den inneren Konfliktparteien gibt es kein gegenseitiges Anhören, kein Aushandeln, kein (mehr oder weniger) flexibles Ausbalancieren der widerstreitenden Interessen und Bedürfnisse mehr, es gibt auch hier nur noch Unterliegen oder Siegen, Beherrschtwerden oder Herrschen. Und Beherrschtwerden bedeutet dann: so der Stimme beraubt, so dissoziiert, so verdrängt oder abgespalten zu werden und zu bleiben, daß man im inneren (demokratischen) Diskurs nicht mehr mitzureden vermag.

Zur Organisation von Raum und Zeit

Immer dann, wenn sich innerpsychische und interpersonale Konfliktbewältigung oder nun vielleicht richtiger: Nicht-Bewältigung in der angedeuteten Weise verschränken, spielt die Organisation des Raumes und der Zeit eine Rolle.

Man kann hier von dem Miteinander-Lebens-Raum sprechen, worin Beziehungspartner die ihnen jeweils gemäße Balance von Nähe und Distanz zu finden oder auch nicht zu finden vermögen: Konflikte lassen sich vermeiden, indem man größeren Abstand oder gar das Weite sucht. Die postmoderne Individualisierung der Beziehungsstile – unter anderem ermöglicht durch Wohlstand und Beweglichkeit – eröffnet hier mehr Spielraum, als früher möglich schien. Beziehungspartner können sich entscheiden, entweder näher oder distanzierter zusammenzuleben – so auch das Schlafzimmer zu teilen oder nicht zu teilen – oder sich auch nur an Wochenenden oder in den Ferien zu treffen.

Aber nicht weniger wichtig erscheint die Organisation der Zeit. Das ließen nicht zuletzt die klinischen Studien und therapeutischen Erfahrungen unseres Heidelberger Teams[22] erkennen. Den Blick auf die Zeitorganisation gerichtet, müssen wir uns angesichts der beschriebenen extremen Bindungsszenarien fragen, welche Rolle dieser bei der Ermöglichung wie auch Verhinderung einer fälligen »Individuation gegen« zukommt.

Synchrone und diachrone Dissoziation

Es erweist sich: Herrscht eine weiche Beziehungsrealität vor, dann präsentieren sich nicht zu vereinbarende Positionen, Perspektiven und Bewertungen der Beziehungspartner in so schneller Folge, daß Konflikte nicht mehr als Konflikte und damit als etwas Bedrohliches, Schmerzhaftes, nach einer Lösung Verlangendes wahrgenommen und erlebt werden können. Das läßt sich an einem Film verdeutlichen, der mit normaler Geschwindigkeit abläuft: Die zahlreichen Momentaufnahmen, aus denen der Streifen zusammengesetzt ist, fügen sich hier zu einem Geschehensfluß zusammen, der es einem Zuschauer leicht macht, sich in die Protagonisten einzufühlen, sich mit ihnen zu identifizieren, an ihren Konflikten teilzunehmen und dabei unter Umständen auch Ausweglosigkeit und Tragik zu erleben.

Ganz anders, wenn derselbe Film sehr schnell abläuft. Dann beginnen die Protagonisten wie Darsteller in alten Stummfilmen zu hampeln und zu strampeln, und dasselbe Geschehen wirkt eher komisch als tragisch. Und ähnlich geht es nun zu, wenn beim Vorherrschen einer weichen Beziehungsrealität die eingebrachten Aussagen, Positionen und Sichten gleichsam übereinanderpurzeln und so dem Beobachter keine Zeit bleibt, sich widerstreitende Positionen zu eigen zu machen, mit ihnen innerlich zu ringen und damit den Konflikt der verschiedenen Seelen in seiner Brust überhaupt als Konflikt zu erleben. Wir sprechen hier auch von synchroner Dissoziation. Wir finden sie nicht zuletzt bei vielen Familien, in denen ein oder mehrere Mitglieder als schizophren diagnostiziert wurden.

Andere Familien liefern dazu gleichsam das Kontrastprogramm. Dazu gehören insbesondere nicht wenige Familien mit manisch-depressivem Verhalten. Wie schon erwähnt, tut sich uns in solchen Familien in der Regel das zweitgenannte, durch eine harte Realität geprägte extreme Bindungsszenarium auf: Harte, »objektive«, mit Wahrheitsanspruch vertretene Positionen stehen sich unversöhnlich gegenüber und programmieren nun entsprechend heftige, ja sogar mörderische Konflikte. Diese brechen indessen so lange nicht aus, wie gleichsam das Gegenextrem zur eben beschriebenen synchronen Dissoziation ins Spiel kommt. Anstatt sozusagen gleichzeitig übereinanderzupurzeln, scheinen die gegensätzlichen konfliktträchtigen Positionen nunmehr zeitlich so weit auseinandergezogen, daß sowohl das Individuum als auch seine Familie sie nicht mehr als miteinander im Konflikt liegend erleben können. Hier sprechen wir auch von diachroner Dissoziation.

Ein als manisch-depressiv diagnostizierter Klient etwa scheint dementsprechend zu unterschiedlichen, aber recht weit auseinandergezogenen Zeiten auch unterschiedlichen Wertsystemen unterworfen, die sich unterschiedlich auf seine Stimmung auswirken. Einmal ist dies ein Wertsystem, das wir als Ordentlichkeit bezeichnen können: Solange der Klient sich diesem unterwirft, zeigt er sich bedrückt, gehemmt und eingeengt. Die Welt erscheint ihm grau und trostlos, er selbst sieht sich als überverantwortlich und doch als schlecht, verdammenswert, verarmt und zu nichts nutze. Kommt solch Wertsystem der Ordentlichkeit zum Zuge, diagnostizieren wir gemeinhin eine Depression.

Herrscht dagegen das von uns so genannte Wertsystem der Unordentlichkeit vor, zeigt sich die betroffene Person eher unter- als überverantwortlich. Sie läßt alle fünfe gerade sein, schlägt über die Stränge, zeigt sich energiegeladen und optimistisch und legt ein Verhalten an den Tag, das man ihr sonst kaum zutraut. Einer unserer Klienten etwa, ein im Alltag gewissenhafter mittlerer Bankbeamter, zog sich eines Tages Jeans an, ließ sich Bartstoppeln wachsen und hitchhikte bis an die Nordsee, um sich dort an einem FKK-Strand zu vergnügen. Hier diagnostizieren wir dann gemeinhin eine Manie oder eine manische Episode.

Eine zumeist (vergleichsweise) mildere, diachrone Dissoziation der Wertsysteme, Verhaltensweisen und Stimmungslagen konnte unser Heidelberger Team nicht nur in den betroffenen Klienten, sondern auch in deren Familien bzw. Problemsystemen beobachten.

Sowohl im Klienten als auch innerhalb seiner Familie waren indessen erbitterte Konflikte programmiert, sobald die gegensätzlichen Wertsysteme und die damit verbundenen Verhaltensweisen und Gefühlslagen zeitlich einander näherrückten. Anders ausgedrückt: Offene Konflikte ließen sich so lange verhindern, wie die gegensätzlichen Positionen von den Betroffenen als zeitlich weit auseinanderliegend und damit auch als nicht derselben Person bzw. demselben System angehörend erlebt wurden, das heißt, solange die diachrone Dissoziation »hielt«. Hielt sie jedoch nicht oder nicht mehr, dann war zu erwarten, daß im Individuum Ambivalenz und im Problemsystem Konflikte erlebbar wurden – und nun unter Umständen mit solcher Intensität, daß das Schlimmste zu befürchten war.

Als Kliniker bekommen wir einen Eindruck von dem sich hier verdichtenden Konfliktpotential, betrachten wir genauer die Übergangsperioden, während derer Wertsystem und Stimmungslage manisch-depressiver Patienten umzuschlagen beginnen, also eine depressive in eine manische oder eine manische in eine depressive Phase überzugehen sich anschickt. Dies sind bekanntlich die Perioden, während derer nicht wenige betroffene Klienten selbstmordgefährdet sind. Viele der dann begangenen Selbstmorde lassen sich nun als Ausdruck und Folge einer nicht mehr anders zu bewältigenden Konflikterfahrung und Konfliktspannung verstehen: Oft erhalten wir Hinweise sowohl auf eine sich offen oder verdeckt gegen nahe andere richtende Rachedynamik als auch auf Aggressionen, die sich gegen die eigene Person wenden.

Zwischen dem schizophrenen und dem manisch- depressiven ist das schizo-affektive Drama anzusiedeln, mit dem sich unser Heidelberger Team ebenfalls lange beschäftigte. Hier finden wir sowohl synchrone als auch diachrone Dissoziation. Anders ausgedrückt: Wir finden sowohl das Vermeiden von Konflikten durch Aneinandervorbeireden, durch Verrücktquatschen, durch Mystifizierung, Fokusverschiebung etc. als auch – über kürzere oder längere Zeitstrecken hinweg – die klare Kommunikation, aber, damit einhergehend, auch das Sich-Verbeißen in unversöhnlichen Positionen. Kommt es zum letzteren, dann brechen Konflikte hervor – sowohl innerpsychische Konflikte, die sich als eine nicht mehr zu bewältigende Ambivalenz zum Ausdruck bringen, als auch interpersonale bzw. intrasystemische Konflikte, die innerhalb der Paar- oder Familienbeziehung auflodern. Nicht selten laufen solche Konflikte heftig, ja mörderisch vor uns ab. Ein junger Mann etwa setzt sich Hals über Kopf von zu Hause ab. Er verbringt eine schlaflose Nacht in einer Wohngemeinschaft, in der auch linksradikale Aussteiger verkehren, und läßt sich mit diesen auf lange Diskussionen über den bankrotten Staat und das bankrotte Establishment ein. Dabei steigen sein Angst- und Erregungspegel weiter. Zu Hause fängt er einen Streit mit seinem Vater an. Der Streit war bereits latent da. Der Vater nahm Anstoß an den langen Haaren des Sohnes, seinen laxen Lerngewohnheiten, seinen nach Ansicht des Vaters unappetitlichen Freunden. Der Sohn hatte sich dagegen auf das, wie er es nannte, schäbige, fruchtlose und ausbeuterische Routinedasein des Vaters eingeschossen. Man kann ein Aushandeln der Dissoziationen, wie vorgehend angedeutet, erkennen. Aber an diesem Tage gerät das ausgehandelte Dissoziationsgleichgewicht gleichsam aus den Fugen: Der Sohn zertrümmert den Fernseher des Vaters, nachdem er daraus Stimmen vernommen hatte, die ihn als Homosexuellen beschimpften. Der Vater veranlaßte draufhin die Einweisung in eine psychiatrische Klinik. In der Familiensitzung, die einige Zeit danach stattfand, konnte man dann das beschriebene Neben- und auch Durcheinander synchroner und diachroner Dissoziation beobachten. Dabei schien einmal das eine, einmal das andere Familienmitglied die Funktionen des klaren Diskussionspartners oder des Mystifizierers, des Beschwichtigers oder des Anheizers von Konflikten zu übernehmen.

Kontextnivellierung und Alltagsfundamentalismus

Auch was ich soeben über Zeitorganisation und innerpsychisches wie interfamiliäres Konfliktmanagement sagte, läßt sich kaum getrennt von postmodernen gesellschaftlichen Tendenzen betrachten. Diese Tendenzen scheinen in westlichen Ländern dazu angetan, sowohl eine Erweichung als auch – mehr oder weniger als Reaktion darauf – eine Erhärtung der Beziehungsrealität zu fördern. Erweichungsfördernde Tendenzen verraten sich in dem, was sich postmoderne Kontextnivellierung nennen läßt; realitätserhärtende Tendenzen dagegen in dem, was wir als Alltagsfundamentalismus bezeichnen können.

Kontextnivellierung zeigt sich uns nicht zuletzt als Ausdruck und Folge der Entwicklung moderner Kommunikationstechniken und der dadurch geprägten Medienlandschaft. Das demonstriert symbolträchtig das kaum faustgroße Fernbedienungsgerät, mittels dessen wir in Sekundenschnelle von einem Fernsehprogramm zum anderen springen können. In den USA und anderen westlichen Ländern kann man so zwischen mehreren Dutzend gleichzeitig angebotenen Programmen wählen. Um vom Krimi zur Gerichtsverhandlung über Sittlichkeitsverbrechen, zur Dokumentation von Umweltschäden, zu einem Boxkampf, zu einer Striptease-Show, zu einer Predigt, zu einer Nachrichtensendung, zu einer Unterhaltungsschnulze, zur Werbung für Waschmittel, Vitamin-Säfte und Hundenahrung zu gelangen, bedarf es nur eines Fingerdruckes. Drücken wir den Finger nur oft genug, können wir uns schnell in einen Zustand versetzen, der dem einer synchronen Dissoziation entspricht: Es gelingt uns nicht mehr, unterschiedliche Kontexte genügend klar und anhaltend auseinanderzuhalten bzw. zu markieren, um darin widersprüchliche und konfliktträchtige Positionen auszumachen, geschweige denn, uns damit auseinanderzusetzen. Wir sind aber nicht nur auf dem Bildschirm einem immer reicheren Realitäts- und damit auch Beziehungs-, Erlebnis- und Konsumangebot ausgesetzt. Wir sind dies auch – der amerikanische Soziologe K. Gergen beschreibt es in seinem Buch *The Saturated Self*[23] – in zahllosen anderen Kontexten unseres Lebens.

Der Kontextnivellierung und Kontextüberflutung, wie eben beschrieben, können wir das gegenüberstellen, was ich Alltagsfundamentalismus nennen möchte. Alltagsfundamentalisten reduzieren unbedenklich die Komplexität unserer postmodernen Welt. Sie blenden Kontexte starr und anhaltend aus, üben sich in diachroner Dissoziation, schotten sich brüsk gegen Anmutungen von Realitätsvielfalt und Realitätswidersprüchlichkeit ab und greifen dabei auf verfügbare Traditionen, Glaubenssätze und Konventionen zurück. Diese können sie etablierten Religionen (Katholizismus, Islam und fundamentalistischer Protestantismus) oder weltlichen Ideologien (Marxismus und – heute vielerorts wieder erstarkend – Nationalismus) entnehmen bzw. daraus sich etwas für sie Passendes zusammenbasteln. Sie sind überzeugt: Im Reich der menschlichen Beziehungen, Motivationen und der Moral gibt es die objektiv vorgegebene Wahrheit, die sich auf einen Glauben, auf ein »gesundes Volksempfinden«, auf eine Tradition, eine Naturgesetzlichkeit oder was auch immer gründet. Menschliches Handeln, Sprechen und Fühlen haben solcher Wahrheit zu entsprechen. Tun sie das nicht, sind sie falsch und moralisch verwerflich. Es gilt das kompromißlose Entweder-oder: Deine Rede sei Ja, ja oder Nein, nein.

Herrscht der Alltagfundamentalismus, ist auch im Binnenbereich des inneren Parlamentes ein diktatorisches Regime anzunehmen. Dieses Regime sieht sich etwa als Repräsentant des »wahren«

Selbst herausgefordert, das »falsche Selbst« – sich bezeugend in falschen Ideen, sündigen Gedanken, unziemlichen Bedürfnissen etc. – zu bekämpfen und zum Schweigen zu bringen.

Hat man damit Erfolg, treten Fanatismus, Intoleranz, Selbstgerechtigkeit oder, in psychoanalytischer Sicht, eine Neigung zur Projektion auf, worin ein simples Gut/Böse- bzw. Freund/Feind-Schema zum Ausdruck kommt. Mißlingt der Kampf gegen das »falsche Selbst« oder schleppt er sich unentschieden hin, erkennt ein Außenbeobachter eher Bedrücktheit, Selbstanklage, Resignation und Lähmung.

Wir können weiter sagen: Alltagsfundamentalisten wehren sich gegen zwischenmenschliche Komplexität, existentielle Verunsicherung und Realitätserweichung, indem sie, koste was es wolle, ihre Beziehungsrealität zu härten und so ihre »Individuation gegen« zu forcieren suchen. Insbesondere nach dem Ende des Kalten Krieges scheinen sie – wie etwa im ehemaligen Jugoslawien – in Massen zu erstehen. Denn seit Ideologien und Außenfeinde dahinwelken, die während des Kalten Krieges einerseits Halt und Sinn gestiftet, andererseits einer »Individuation gegen« als Stütze bzw. Widerpart gedient hatten, wurden neue Außenfeinde und haltgebende (nationalistische) Ideologien intensiv gesucht und/oder konstruiert – mit dem Resultat, daß Menschen, mit denen man bislang trotz ethnischer und Glaubensunterschiede über Generationen hinweg friedlich zusammenzuleben vermochte, plötzlich als Feinde und Fremde wahrgenommen und grausam verfolgt werden. Man kann geradezu von einem Amoklauf der »Individuation gegen« sprechen.

Betrachten wir die Beziehungen zwischen Kontextnivellierung und Alltagsfundamentalismus noch etwas genauer, ist erstere durch eine eher passive, letzterer durch eine eher aktive Einstellung geprägt. Menschen, die anhaltend Kontexte nivellieren, nehmen unterschiedliche Realitätsangebote oft gleichsam als bloßes Rauschen wahr, sie lassen sich davon möglichst wenig berühren und lernen so mit synchroner Dissoziation zu leben. Alltagsfundamentalisten geben sich dagegen eher aktiv: Sie streiten für den wahren Glauben und die gerechte Sache, kämpfen – zumindest aus der Sicht eines Außenstehenden – engagiert um die Definitionsmacht, erstreben Kontrolle. Ob und wie weit sich ein Mensch eher als passiver Kontextnivellierer oder als aktiver Alltagsfundamentalist verhält, ist aber nicht nur Sache von Temperament und Persönlichkeitsstruktur. Es ist wie bei den beiden Seiten einer Münze, die – wenn auch zu unterschiedlichen Zeiten und in unterschiedlichen Kontexten – häufig in ein und demselben Menschen zum Ausdruck kommen.

Kontextnivellierung und Alltagsfundamentalismus, die zum Teil wenigstens als Ausdruck und Folge postmoderner gesellschaftlicher Entwicklungen verstanden werden können, sind nun auch dazu angetan, in Familien und Paaren fällige Individuationsprozesse zu erschweren, wenn nicht zu bedrohen.

So kann Kontextnivellierung bedeuten, daß im Fahrplan der Individuation Wegmarken, die nicht zuletzt einer »Individuation gegen« ein »Gegen« liefern sollten, mehr und mehr verschwimmen. Das zeigt sich etwa an dem Verlust von Initiationsriten in heutigen westlichen Gesellschaften. Initiationsriten sind gleichsam gesellschaftlich etablierte Wegmarken, die, allen Beteiligten sichtbar, alters- und entwicklungsgemäß Pflichten und Rechte markieren, und einer »Individuation gegen« wie auch einer »Individuation mit« die symbolische Bühne bereiten: Sie tun dies auch und gerade dort, wo sie mit Angst erwartet und durchlitten werden. Sind sie überstanden, bestätigt die gesamte Gemeinde den Individuationsfortschritt. Jugendliche in Papua Neu-Guinea etwa, so beschrieben es T. und R. Lidz[24], werden nach genauem Plan über Nacht aus ihrem gewohnten Lebensrahmen herausgerissen, sie werden ausgegrenzt, ja mißhandelt, dann aber wohlwollend in den Kreis der Erwachsenen aufgenommen. Man kann sagen: Initiationsriten dienen als Anker für eine »Individuation gegen«, die aus »Individuation mit« hervorgeht und wieder in diese mündet.

Ähnliches gilt für Familienrituale und -zeremonien, wie Verlobungen und Hochzeiten, die Einschnitte im Lebenszyklus des einzelnen wie der Familie markieren. Sie besagen: Die gemeinsam durchlebte Vergangenheit und die daraus erwachsenen Loyalitäten, Delegationen, Rechte, Pflichten und Konten verbinden uns und werden uns auch dann noch verbinden, wenn Trennung der Eltern von ihren Kindern ansteht. Ein Erlebnis von Abschied und Trennung ist somit in eines von anhaltender Verbundenheit eingebettet; »Individuation mit« und »Individuation gegen« sind (mehr oder weniger) versöhnt.

Aber anders als in traditionellen Gesellschaften, worin Initiationsriten und Familienrituale über Jahrhunderte Zeit hatten, sich im Bewußtsein und den Institutionen der Menschen zu verankern, entstehen bei uns heute diesbezüglich zunehmende Unsicherheit und Grauzonen. Der Führerschein und Schulabschlußfeiern stellen bestenfalls schwache Äquivalente solcher Riten und Rituale dar. Insgesamt erscheint immer unklarer, was sich für Jugendliche (und Eltern) eines bestimmten Alters gehört und nicht gehört, wo Eltern Grenzen setzen sollten und wo nicht, welche Rechte und Pflichten den Vertretern der Generationen zukommen, was man geben sollte, was man verlangen oder nicht verlangen darf.

Zu solcher Verunsicherung tragen wiederum anscheinend gegenläufige postmoderne Tendenzen bei. Einerseits werden Trennwände zwischen den Generationen aufgehoben. So schauen sich Junge und Alte ähnliche Fernsehprogramme an, setzen sich gleichermaßen einer Kontextüberflutung aus, die es nicht kümmert, wen sie trifft. So teilen Jüngere in westlichen Wohlstandsgesellschaften mehr und mehr Privilegien – etwa hinsichtlich Sexualität, Ferienreisen, Konsumverhalten –, die sich die Älteren oft mühsam erkämpfen oder erarbeiten mußten. So entfallen oder verflüchtigen sich für Jüngere überhaupt Tabus und Grenzen, die ihrer »Individuation gegen« als Widerpart dienen könnten. (Einer kürzlichen dpa-Meldung zufolge beklagen heute mehr und mehr Jugendliche den Wegfall zu brechender Tabus.)

Andererseits klaffen als Folge von Individualisierungsdruck und verlängerten Lebensspannen die Erfahrungswelten von Jüngeren und Älteren auch immer mehr auseinander. Bei den älteren Deutschen etwa sind diese noch geprägt durch frühe Erfahrungen von Nazi-Diktatur, Krieg, Mangel, Hunger und Vertreibung, die der Jüngeren durch für selbstverständlich genommenen Wohlstand, Optionenfülle (bei den sozial besser Gestellten), aber auch eine durch nukleare Bedrohung, Bevölkerungsexplosion und Umweltzerstörung gefährdete Zukunft. Kurzum: Voraussetzungen für eine Einfühlung und Empathie verlangende »Individuation mit«

bleiben gefährdet, während einer »Individuation gegen« zunehmend das klar markierte »Gegen« abhanden kommt.

Zusammenfassende Überlegungen

Zusammenfassend können wir sagen: Bezogene Individuation verlangt nach einer Balancierung von »Individuation mit« und »Individuation gegen«. Dabei geht es nicht zuletzt um ein balanciertes Verhältnis zwischen intrapsychischer und intersubjektiver Konfliktbewältigung. Individuum und System, Selbst und Kontext erweisen sich wieder als einander bedingend, als miteinander verwoben.

Das wird deutlicher, wenn wir zwei extreme Szenarien, in denen eine Balance von »Individuation mit« und »Individuation gegen« in unterschiedlicher Weise mißlingt, betrachten.

Das eine wäre das Szenarium einer hochgradig erweichten Beziehungsrealität. Die Erweichung zeigt sich nun als Ausdruck und Folge des Versuches eines oder mehrerer Systemmitglieder, intra- wie intersubjektive Konflikte und damit auch Streß- und Leidensdruck mit Hilfe synchroner Dissoziation gleichsam wegzuwischen. Man vermeidet dabei die fällige »Individuation gegen«, gefährdet aber auch die »Individuation mit«. Denn man läuft nun Gefahr, sich aus dem zwischenmenschlichen Konsens überhaupt auszuklinken, nicht mehr für voll genommen, ja für verrückt erklärt zu werden. Anders ausgedrückt: Man riskiert die Exkommunikation aus der tonangebenden Kommunikationsgemeinschaft. Damit aber droht ein Kreisprozeß: Je mehr man sich in der Exkommunikation einrichtet, um so mehr verschließt man sich einem von außen kommenden korrigierenden Feedback (bleibt man sozusagen auf seinen idiosynkratischen Konfliktlösungen sitzen) und um so mehr riskiert man, von der tonangebenden Kommunikationsgemeinschaft (und den durch sie bestellten Psychiatern) zum Verrückten erklärt und als solcher behandelt und verwahrt zu werden.

Erhärtet sich dagegen die Beziehungsrealität über Gebühr, erscheint gleichsam eine Radikalisierung der »Individuation gegen«

vorprogrammiert. Nach außen gebärdet man sich als Alltagsfundamentalist, während sich im inneren Parlament ein Teil des Selbst als Diktator aufspielt, der unakzeptable, falsche, böse, verdammenswerte, schambesetzte Selbstteile aus dem demokratischen Diskurs auszuschließen, in den Untergrund zu drängen, so oder so (möglicherweise mittels diachroner Dissoziation) zu beherrschen sucht. Dabei bleiben Ambivalenztoleranz, bleiben innere Demokratie, bleiben flexible innere Balancierungs- und Regulationsmechanismen auf der Strecke.

Man vermeidet so zwar (in der Regel) ein Ausklinken aus dem sozialen Konsens: Solange man um die Durchsetzung der eigenen Sicht und Wahrheit kämpft, bleibt man seinen Beziehungspartnern – so etwa dem Ehepartner – zumindest kämpferisch verbunden. Man kann auch zu der Einsicht gelangen, daß Kampf zwecklos ist, daß man besser vor dem Besitzer der stärkeren Realität kapituliert, sich an diesen anpaßt, auf eine »Individuation gegen« verzichtet. Aber dieser Verzicht bedeutet nun allzu oft, daß man resigniert, auch auf Weiterentwicklung verzichtet, ja – so zeigt wenigstens die Heidelberger Erfahrung – sich unter Umständen für psychosomatische Leiden der einen oder anderen Art anfällig macht.

So unterschiedlich sich die genannten Szenarien indessen darstellen, legen sie doch eine Gemeinsamkeit nahe: Sowohl extreme Realitätserhärter als auch extreme Realitätserweicher scheinen anzunehmen, es gebe letztlich die kontextunabhängige objektive Wahrheit, an die man sich halten kann, und vor allem: an die sich die anderen halten sollten.

Anmerkungen

[1] Stierlin, H. (1969): Conflict and Reconciliation. New York (Doubleday).
[2] Laing, R. D. (1960): The Divided Self. An Existential Study in Sanity and Madness. London (Tavistock).
[3] Spitz, R. A. (1959): Nein und Ja. Ursprünge der menschlichen Kommunikation. Stuttgart (Klett, 4. Aufl. Klett-Cotta 1992).
[4] Bowlby, J. (1969): Bindung. Eine Analyse der Mutter-Kind-Beziehung. München (Kindler), 1975.

‐ (1973): Attachment and Loss. Separation: Anxiety and Anger. New York (Basic Books).

‐ (1980): Verlust: Trauer und Depression. Frankfurt (S. Fischer), 1983.

5 Stern, D. N. (1986): Die Lebenserfahrung des Säuglings. Stuttgart (Klett-Cotta), 1992.

6 Ainsworth, M. D. S./Blehar, M. C./Waters, E./Wall, S. (1992): Patterns of Attachment. Hillsdale N. J. (Erlbaum).

7 Grossmann, K. (1990): Entfremdung, Abhängigkeit und Anhänglichkeit im Lichte der Bindungstheorie. *Praxis der Psychotherapie und Psychosomatik* 35, S. 231–238.

8 Mahler, M. S./Furer, M. (1968): Symbiose und Individuation. Stuttgart (Klett-Cotta), 1978.

‐ Mahler, M. S./Pine, F./Bergman, A. (1975): Die psychische Geburt des Menschen. Frankfurt (S. Fischer), 1978.

9 Siehe dazu auch Stern (Anm. 5): »Während . . . in manchen Bereichen des Selbsterlebens die Separation voranschreitet, können sich in anderen Bereichen zugleich neue Formen der Gemeinsamkeit mit dem Anderen ausbilden«.

10 Donovan, D. M./McIntyre, D. (1990): Healing the Hurt Child. A developmental-contextual Approach. New York (W. W. Norton).

11 Stierlin, H.(1989): Individuation und Familie. Frankfurt (Suhrkamp), S. 41 ff.

‐ (1980): Eltern und Kinder. Das Drama von Trennung und Versöhnung im Jugendalter. Frankfurt (Suhrkamp).

‐ (1982): Delegation und Familie. Frankfurt (Suhrkamp).

12 Piaget, J. (1959): Das Erwachen der Intelligenz beim Kinde. Stuttgart (Klett), 1969.

‐ (1937): Der Aufbau der Wirklichkeit beim Kinde. Stuttgart (Klett), 1974.

13 Freud, S. (1905): Drei Abhandlungen zur Sexualtheorie. In: Gesammelte Werke, Bd. 5. Frankfurt (S. Fischer).

14 Erikson, E. H. (1950): Kindheit und Gesellschaft. Stuttgart (Klett), 1971.

15 Haley, J. (1980): Ablösungsprobleme Jugendlicher. München (Pfeiffer), 1981.

16 Carter, E./McGoldrick, M. (Hrsg.) (1980): The Family Life Cycle. New York (Gardner Press).

17 Wynne, L. C. (1984): The Epigenesis of Relational Systems: A Model for Understanding Family Development. *Family Process* 23, S. 297–318.

[18] Stierlin, H. (1975): Eltern und Kinder. Das Drama von Trennung und Versöhnung im Jugendalter. Frankfurt (Suhrkamp).

[19] Klein, M. (1946): Notes on some Schizoid Mechanisms. *Journal of Psychoanalysis* 2, S. 99–110.

[20] Wynne, L. C. (1965): Some Indications and Contra-Indications for Exploratory Family Therapy, in: Boszormenyi-Nagy, I./Framo, J. L. (Hrsg.).: Intensive Family Therapy: Theoretical and Practical Aspects, with Special Reference to Schizophrenia. New York (Harper & Row), S. 289–322.

[21] Willi, J. (1975): Die Zweierbeziehung. Reinbek (Rowohlt).

[22] Simon, F. B./Weber, G./Stierlin, H./Retzer, A./Schmidt, G. (1989): Schizo-affektive Muster: Eine systemische Beschreibung. *Familiendynamik* 14, S. 190–213.

[23] Gergen, K. (1992): The Saturated Self. New York (W. W. Norton).

[24] Lidz, T./Lidz, R. (1989): Oedipus in the Stone Age. New York (International Universities Press).

8. Einige Überlegungen zur psychotherapeutischen Praxis

Geht es eigentlich um Psychotherapie?

Wenn von einer postmodernen Gesellschaft die Rede ist, dann ist darunter in erster Linie eine bürgerliche und demokratische Gesellschaft zu verstehen. Diese läßt, wie es der Politologie Ernest Gellner[1] beschreibt, kein ideologisches Monopol zu; lebensanleitende Grundannahmen scheinen darin von einem fragilen Konsens abhängig; Zweifel, Ironie und Bemühung um individuelle Anpassung sind an der Tagesordnung.

Dies könnte man nun auch bei heutigen Familien und überhaupt Beziehungssystemen feststellen, aus denen sich solche Gesellschaft zusammensetzt und in denen sie sich abbildet. Auch darin werden lebensanleitende Grundannahmen fraglich, droht der Konsens immer wieder verloren zu gehen, stellen sich Ironie und Zweifel ein, sind individualisierte Anpassungsleistungen gefordert, während gleichzeitig Fahrpläne der Individuation durcheinandergeraten und (wirkliche oder anscheinende) Widersprüche radikaler werden.

Die daraus – für Individuen wie auch für Paare, für Familien, ja die Gesellschaft – erwachsenden Gefahren liegen auf der Hand. Sie kommen in den vorausgehenden Kapiteln zum Ausdruck. Aber angesichts dieser Gefahren läßt sich nun mit Hölderlin sagen, daß darin auch das Rettende wächst. Dieses Rettende zeigt sich in dem Potential für Innovationen und kreative Lösungen, das sich in Individuen und Beziehungen finden und nun (auch) mit Hilfe von Psychotherapie nutzen läßt.

Allerdings ist bereits die Bezeichnung »Psychotherapie« für das, was hier nützen kann, problematisch. Denn sie legt einen medizinischen Kontext nahe, worin die Diagnose eines Erregers, einer Anomalie, eines Defekts, eines Traumas der Therapie vorauszugehen hat, verweist damit auf etwas, das nicht in Ordnung ist, etwas, das eine Ursache haben muß und das nun Fragen (oder eben auch Geschichten) darum kreisen läßt, wer jeweils Schuld hat oder nicht. Aus diesem Grunde plädieren nicht wenige Autoren dafür, den Begriff Therapie überhaupt fallen zu lassen und etwa durch den Begriff Konsultation oder genauer: systemische Konsultation zu ersetzen. [2]

Aber so sinnvoll diese Empfehlung klingen mag, so schwer ist sie umzusetzen. Das liegt an der Zähigkeit und Überdeterminiertheit etablierter Sprachregelungen. Auch wenn sich diese in manchen Kontexten als obsolet erweisen, bleiben sie häufig unentbehrliche Kommunikationsbrücken auf dem Wege zu neuen Vorstellungen – und so auch in diesem Fall. Darum spreche ich im folgenden auch dann weiter von Psychotherapie und Psychotherapeuten, wenn ich um neue Bedeutungsgebungen bemüht bin. Entsprechendes gilt für das Wort Patient (lateinisch: patiens = Leidender), das, ebenfalls dem medizinischen Bereich entnommen, dem Begriff Therapeut komplementär zugeordnet ist. Inzwischen hat es sich allerdings schon vielerorts eingebürgert, nicht mehr von Patienten, sondern von Klienten zu sprechen.

Diese Beispiele deuten an, daß ich auch als Beschreiber von Psychotherapie und Psychotherapeuten und dessen, was an deren Stelle treten sollte, ständig an Grenzen stoße – so die Grenzen, die mir durch Rück-Sicht auf etablierte Kommunikationserfordernisse und Bedeutungsgebungen auferlegt sind. So die Grenzen einer Sprache, die mich zwingt, in einem Nacheinander zu ordnen, was gleichzeitig wirkt. So die Grenzen von Beschreibungen, die sowohl die Innenwelt von Individuen als auch deren Beziehung zueinander zu erfassen suchen; so die Grenzen, die, wie in dieser Schrift, durch einen Bezugsrahmen ausgesteckt sind, der im wesentlichen Bindungsszenarien mit weichen und harten Realitäten und das durch diese geprägte Ambivalenz- und Konfliktgeschehen in den Blick bringt, dadurch aber anderes ausblendet.

Drei Ausblicke auf Psychotherapie

All dieser Grenzen bleibe ich mir bewußt, wenn ich im folgenden drei hauptsächliche Sichten andeute, die sich aus den bisherigen

Überlegungen für ein postmodernes Verständnis von Psychotherapie ergeben. Die Sichten bedingen einander, gehen auseinander hervor, und nur eine Sprache, die notgedrungen Zusammengehöriges in ein Nacheinander zwängt, zerschneidet solchen Zusammenhang.

Eine erste Sicht bringt uns ein Individuum in den Blick, das sich als Selbst empfindet, definiert und konstruiert, das sich mit einem Anliegen, einem Problem an einen Therapeuten oder Berater wendet, und dafür, im Vertrauen auf dessen Kompetenz, Rat und Hilfe sucht. Der Berater oder Therapeut wiederum darf davon ausgehen, daß dieses Individuum (mehr oder weniger) Einfluß auf sein Verhalten und seine Symptome nehmen kann und dazu auch – wenn auch möglicherweise erst als Folge der Beratung – bereit ist.

Eine zweite Sicht richtet sich auf die Motivationsdynamik dieses Individuums. Sie sensibilisiert uns für seine intrinsischen Motivationen, seine handlungsanleitenden Grundannahmen und Grundunterscheidungen sowie für die Muster, Fraktionen und Kräfteverhältnisse, die in seinem inneren Parlament zur Wirkung kommen. Sie trägt damit auch dem Rechnung, was sich als innerer Konflikt und nicht zu eigen gemachte Ambivalenz, möglicherweise als eine durch Eltern und vorausgehende Generationen mitgeschaffene Auftrags- und Konfliktlast, darstellt.

Die dritte Sicht schließlich richtet sich auf das Problemsystem – sowohl auf dessen Mitglieder mit ihren individuellen Anliegen, ihrer Motivationsdynamik, ihren inneren Parlamenten als auch auf die in diesem System zur Wirkung kommenden Spielregeln, Muster, geteilten Grundannahmen und Leitunterscheidungen. Sie läßt uns fragen: Wie tragen solche Spiele, Regeln, Muster, Grundannahmen und Leitunterscheidugnen dazu bei, daß sich ein Problem – sei dies das eines einzelnen, sei dies das einiger oder aller Mitglieder – erhält, aber auch: Wie bedingen und verschränken sich dabei intrapsychisches und intersubjektives Konfliktmanagement oder nun eben: Konfliktmismanagement?

Je nach Sicht erscheinen Auftrag und Funktion eines Therapeuten/Beraters in einem anderen Licht, verlangen diese nach anderen Beschreibungen.

Innerhalb der erstgenannten Sicht tritt er als einer auf, der sich respektvoll auf das Anliegen, die Erlebniswelt, die handlungsanleitenden Grundannahmen, Leitunterscheidungen, Realitätskonstruktionen und Metaphern seiner Klienten (oder vielleicht richtiger: Kunden) einzustimmen sucht, wie dies etwa Kurt Ludewig[3] beschreibt. Von solcher Einstimmung geleitet, versucht er in einer möglichst fragenden, hypothetisierenden, zukunftsorientierten Weise Unterschiede und Perspektiven einzuführen, die Lösungen und Ressourcen in den Blick bringen und des Klienten Optionen vermehren. Man könnte ihn aber auch als Helfer wenn nicht Lektor beim Verfassen neuer (oder wiederentdeckter und wieder genutzter alter) Geschichten beschreiben.

Innerhalb der zweiten Sicht erweist sich der Therapeut/Berater als Helfer bei einer fälligen Demokratisierung des inneren Parlamentes. Das heißt: Er verhilft bislang unterdrückten (dissoziierten), in den Untergrund gedrängten, vom Diskurs ausgeschlossenen Anteilen und Fraktionen des Individuums zu Wort, stellt sich als Mediator bei unlösbar gewordenen (und daher zunehmend mit Symptomen und Leiden einhergehenden) inneren Konflikten zur Verfügung. Soweit es sich dabei um (mehrgenerational geprägte) Konflikte der Aufträge und Loyalitäten handelt, versucht er auch diesen gerecht zu werden. Hier könnte man auch vom Therapeuten/Berater, einem Vorschlage Fritz Simons und Gunthard Webers[4] folgend, als Anwalt der Ambivalenz sprechen.

Die dritte Sicht schließlich verlangt vom Therapeuten/Berater eine Erweiterung seines Gesichtskreises. Er muß das Problemsystem, seine Mitglieder und die zwischen diesen ablaufenden Interaktionen in seine Überlegungen einbeziehen. Er muß sich fragen: Wie verschränken sich jeweils innerpsychische und intersubjektive Konfliktbewältigungsstrategien, wie können wir eine erschwerte oder blockierte Ko-Individuation wieder in Gang bringen? Hier ließe sich von dem Therapeuten als dem Anwalt der bezogenen Individuation sprechen. Im folgenden möchte ich vor allem auf diese Anwaltsfunktion eingehen.

Der Therapeut als Anwalt bezogener Individuation

Diese Anwaltsfunktion verlangt zunächst vom Therapeuten, daß er sich darüber klar wird, wer dem Problemsystem zuzurechnen ist. Meine Erfahrung zeigt etwa, daß im Falle einer schizophrenen Psychose häufig Mitglieder dreier Generationen einer Familie dazugehören. Bei jungen anorektischen Mädchen können dagegen eine Schulfreundin, bei alkoholabhängigen Angestellten ein Arbeitgeber, bei einem sich anhaltend behindert zeigenden Psychotiker ein Sozialarbeiter oder Hausarzt (im Sinne eines Doktor Homöostat) zu Teilen des Problemsystems werden. Das heißt: Sie tragen auf die eine oder andere Weise dazu bei, daß das Problem erhalten bleibt, daß es chronisch wird.

Sodann muß sich unser Anwalt fragen: Ob und wie lassen sich Mitglieder des Problemsystems in eine Therapie/Beratung mit einbeziehen? Hier hat sich unsere Heidelberger Praxis im Laufe der Jahre gewandelt. Während wir früher Wert darauf legten, alle Familienmitglieder bei der gemeinsamen Sitzung dabei zu haben, sind wir heute großzügiger geworden. Es soll mitkommen, wer will. Was aber nicht bedeutet, daß wir die abwesenden Mitglieder nicht ständig in unsere Überlegungen und Interventionen einzubeziehen suchen. Das heißt: Es besteht immer die Möglichkeit einer systemischen Einzeltherapie, wie etwa Gunthard Weber und Fritz Simon[5] sie skizziert haben. Allgemein gilt dafür: Man kann auch mit einzelnen Individuen systemisch arbeiten, aber die Möglichkeiten, relevante Informationen zu gewinnen und Ressourcen zu nutzen, sind in der Regel größer, wenn mehrere Protagonisten an dem Gespräch teilnehmen. Tun sie das, stellt sich unserem Anwalt indessen sofort die Aufgabe, deren möglicherweise sehr unterschiedliche Anliegen und Erwartungen an Therapie oder Beratung kennenzulernen und zu Wort kommen zu lassen. Wir sprechen in Heidelberg von der notwendigen Anliegens- oder Erwartungsklärung. Dabei kann als Faustregel gelten: Minuten, die anfangs auf solche Klärung verwendet werden, vermögen später Stunden an sich verbiesterndem therapeutischen Aufwand zu sparen.

So sind beispielsweise Partner, bei denen eine Trennung ansteht, häufig sehr unterschiedlich gesprächs- und therapiemotiviert: Der oder die eine möchte mit Hilfe einer Therapie die Ehe, koste es was es wolle, retten. Der oder die andere möchte sich angesichts der von ihm oder ihr schon längst beschlossenen Scheidung für die anstehende Gerichtsverhandlung noch Trümpfe sichern, so zum Beispiel sagen können, er/sie habe alles getan, um die Familie zusammenzuhalten. Oder ein Familienmitglied gibt zwar dem Drängen anderer Mitglieder auf eine gemeinsame Therapiesitzung nach, hat aber noch die Worte seines (von ihm verehrten) Hausarztes in den Ohren: »Versuchen können Sie es ja, aber viel nützen wird es nicht.«

Die Klärung und Offenlegung solch unterschiedlicher Erwartungen erweist sich nicht nur für einen Therapeuten unentbehrlich, der ein fruchtloses und die Dinge komplizierendes Herumstochern im Beziehungsnebel vermeiden möchte, sie vermag auch von Anfang an eine fällige »Individuation gegen« in einem Kontext zu fördern, der, selbst wenn es zur Trennung kommen sollte, auch »Individuation mit« ermöglicht.

Damit es dazu kommt, ist nun von unserem Anwalt Neutralität gefordert. Man kann sagen: Je mehr die Beziehungspartner sich in ihren (offenen oder verdeckten) Konflikten – sei dies im Szenarium einer weichen, sei dies einer harten Realität – festfahren, um so schwieriger, aber auch wichtiger wird die Neutralität des Therapeuten oder Beraters.

Dabei ist zwischen unterschiedlichen (und unterschiedlichen Kontexten angemessenen) Spielarten der Neutralität zu unterscheiden – so einer Neutralität gegenüber Beziehungsangeboten, gegenüber Realitätskonstruktionen und gegenüber Wertsystemen, wie Arnold Retzer[6] dies näher ausgeführt hat.

In einem Generationenkonflikt etwa sollte dieser Therapeut als Anwalt der Belange weder der Jüngeren noch der Älteren erscheinen und sich vor (offenen oder verdeckten) Zuweisungen oder Entlastungen von Schuld hüten. In einem manisch-depressiven Konfliktszenarium sollte er weder für das Wertesystem der Ordentlichkeit noch für das der Unordentlichkeit Partei ergreifen. In einem hochgradig erweichten Beziehungsfeld sollte er sich nicht vorschnell zum Anwalt von Verbindlichkeit und Klarheit machen, also sich neutral auch im Hinblick auf weiche oder harte Realitäts-konstruktionen verhalten. [7]

Unser Anwalt sollte aber auch mit Blick auf Berechtigung und Akzeptanz eines etwaigen symptomatischen Verhaltens Neutralität wahren und auch nicht unbedingt einem schnellen vor einem langsamen (sich gleichsam organisch einstellenden) Wandel den Vorrang geben.

Insbesondere letzteres ist wichtig: Es kennzeichnet, wie wir sahen, kybernetische Modelle, daß sie gleichsam einem schnellen diskontinuierlichen Wandel das Wort reden. In der Tat beeindruckten die Pioniere der ersten Stunde durch das, was sie offenbar in kurzer Zeit in Gang zu setzen und zu verändern vermochten. Heute lehrt uns nicht zuletzt die Heidelberger Erfahrung, uns auch, was Schnelligkeit oder Langsamkeit des Wandels anbelangt, neutral zu verhalten. Wir erleben zwar immer wieder, daß unsere Empfehlungen und Interventionen mächtig und system-verändernd sind, erleben aber ebenfalls, daß sie – im Individuum wie im Problemsystem – Gegenreaktionen auslösen, die im Endeffekt den Status quo erhalten. Anders ausgedrückt: Damit die für einen Wandel wünschenswerte Zeit jeweils zur Wirkung kommen kann, muß sich der Therapeut oder Berater Zeit nehmen können. In unserer Heidelberger Praxis führte das in vielen, wenn nicht in den meisten Fällen zu einer langdauernden Kurz-therapie: Es finden vergleichsweise wenige – in der Regel zwischen einer und zehn Sitzungen – statt, aber diese können sich nun über Zeiträume bis zu mehreren Jahren erstrecken. Und schließlich: Als Anwalt der bezogenen Individuation wird sich ein Therapeut sowohl auf das Konfliktgeschehen innerhalb der einzelnen Mitglieder als auch innerhalb des Problemsystems (also zwischen den Mitgliedern) einstimmen. Intrapsychisches und intrasystemisches Konfliktmanagement zeigen sich ihm somit verwoben. Insbesonders sind die Wechselfälle der »Individuation gegen« zu beachten. Sie kann, wie wir sahen, scheitern, wenn sich die Beziehungsrealität als zu weich oder als zu hart erweist. Ist sie zu weich, dann fehlt der »Individuation gegen« gleichsam der nötige Widerpart, sie stößt ins Leere, und auch den Fraktionen des inneren Parlamentes fehlt die Herausforderung, die sie zu vereintem Handeln herausfordern könnte. Erweist sich die Beziehungsrealität dagegen als zu hart, dann droht der sich aufschaukelnde Machtkampf, droht die symmetrische Eskalation, der maligne Clinch. Jedesmal mißlingt die Balancierung von »Individuation gegen« mit »Individuation mit«, und jedesmal stagniert daher der fällige Ko-Individuationsprozeß.

Zwei Beispiele aus der Klinik

Zwei Beispiele können andeuten, wie sich der Therapeut als Anwalt einer bezogenen Individuation jeweils in den erschwerten oder blockierten Ko-Individuationsprozeß einzubringen vermag.

Das erste Beispiel liefern der 20jährige Klaus und seine Familie. Klaus wirkt auf den Außenbeobachter innerlich zerstritten und durch unbewältigte Ambivalenz gelähmt. Man könnte auch mit Erik Erikson von einer adoleszenten Identitätsdiffusion sprechen. Er wirkt verunsichert, was seine sexuellen Neigungen anbelangt: Er hat eine Freundin, fühlt sich aber auch zu Jungen hingezogen. Er wirkt außerdem verunsichert, was seine beruflichen Neigungen und Ziele anbelangt: Soll er studieren oder noch ein Jahr herumjobben? Und, falls er studieren sollte, was wäre das Richtige für ihn? Wie andere Jugendliche seines Alters in ähnlicher Situation ist er überwältigt von heutiger Optionenfülle. Schließlich zeigt er sich zerrissen in dem Wunsch, bei den Eltern, aber insbesondere bei der Mutter zu bleiben, sich von ihr verwöhnen und umsorgen zu lassen, und dem entgegengerichteten Wunsch, ein eigenständiges Leben außerhalb seiner Familie zu führen. Bleiben wir beim Bild eines inneren Parlamentes, dann könnte man dieses als praktisch regierungs- und handlungsunfähig beschreiben.

In dieser Situation verhielt er sich den Eltern, aber insbesondere der Mutter gegenüber zunehmend provokativ: Er legte sich eine Punkerfrisur zu, bediente sich einer unflätigen Sprache, hängte das Unterhöschen seiner Freundin auf einer Wäscheleine im Schlafzimmer seiner Eltern auf und griff diese mit immer schärferen Worten an. Schließlich behauptete er, inzwischen hochgradig erregt, sein Vater habe ihn als Kind sexuell mißbraucht und er sei schwul.

Seine zunehmende Erregung und innere Zerrissenheit ließen ihn schließlich den Weg in eine psychiatrische Klinik finden, wo er sich drei Monate lang aufhielt. Nur wenige Tage nach seiner Entlassung kam es zu einem Familiengespräch, das von zwei Therapeuten (Arnold Retzer und mir) geführt wurde.

Klaus' Verhalten kann man unterschiedlich deuten und bewerten. Innerhalb der hier angelegten Perspektive läßt es sich als Ausdruck und Folge einer versuchten, aber gescheiterten »Individuation gegen« wahrnehmen.

So wahrgenommen, zielte sein provokatives Verhalten zum einen darauf ab, durch Schaffung und Bekämpfung eines Außenfeindes – und das heißt nun: seiner Eltern – seinen ihn lähmenden Binnenkonflikten zu entgehen. Zum anderen schien es angetan, seine Eltern zum Grenzensetzen, zur Stellungnahme zu bewegen. Dadurch konnte er hoffen, sich selbst gegen sie, das heißt gegen seine Eltern zu definieren, sich über seine eigenen Ziele klarer zu werden, seinen eigenen Weg finden zu können. Aber die Eltern versagten als Grenzensetzer. Im Gegenteil: Sie verhielten sich, aus welchen Gründen immer, ungewöhnlich einfühlsam, gewährend und verständnisvoll und brachten so Klaus nur noch mehr gegen sich auf. Das trug dann bei letzterem zu dem Erregungs- und Verwirrungszustand bei, der schließlich seine Verwahrung in einer psychiatrischen Klinik notwendig erscheinen ließ.

Man kann sagen: Während sich Klaus als hochgradig erregt und verwirrt zeigte, betätigte er sich auch als Realitätserweicher. In der von ihm (aber natürlich nicht nur von ihm) erweichten Realität verschwammen nun Erklärungen, Schuldzuweisungen, Nachprüfbares und Eingebildetes gleichsam zu einem dichten Nebel. Und es war dann auch die Metapher des Nebels, die selbst für Klaus den angedeuteten Tatbestand zu treffen schien und die sich daher auch von den Therapeuten nutzen ließ, um neue Unterscheidungen und Perspektiven einzuführen. Diese konnten letztendlich dazu dienen, bei Klaus »Individuation gegen« und »Individuation mit« sich ausbalancieren und den fälligen Ko-Individuationsprozeß voranschreiten zu lassen. Die Therapie dieser Familie – bestehend aus Klaus, der Schwester Michaela und den beiden Eltern – wurde von Arnold Retzer an anderer Stelle ausführlich dargestellt und veröffentlicht. [8] Im Anhang gebe ich daraus den Abschnitt wieder, in dem die Nebelmetapher eine Rolle spielt.

Eine Balancierung von »Individuation mit« und »Individuation gegen« läßt sich aber auch dann in Gang bringen, wenn der Therapeut, wieder in Einstimmung auf Metaphern und Realitätskonstruktionen seiner Klienten, ein hartes (oder zumindest hart erscheinendes) Realitätsangebot einbringt. Hier sprechen wir auch von Externalisierung oder genauer: der therapeutischen Strategie der Externalisierung.

Damit wird Mehreres erreicht: Der Symptomträger, sagen wir einmal ein Bettnässer, erhält einen Widerpart für seine fällige »Individuation gegen«, den er bekämpfen, gegen den er sich abgrenzen, gegen den er seine innere Parlamentsfraktion zu vereintem Handeln mobilisieren kann. Aber nicht weniger finden die übrigen Systemmitglieder zu vereintem Handeln zurück. Sie finden aus demoralisierenden Schuldzuweisungen und vergeblichem Suchen nach Ursachen zu einem neuen Schulterschluß.

Den Begriff Externalisierung verdanken wir dem australischen Therapeuten Michael White. [9] Er kennzeichnet eine Vorgehensweise, die White bei vielen chronischen Symptombildern – wie etwa bei denen von Bettnässern oder von Psychotikern – erfolgreich anzuwenden vermochte. Es zeigten sich ihm jeweils Beziehungskonstellationen, worin ein Symptomträger innerlich zerstritten, durch unbewältigte Ambivalenz gelähmt, durch Selbstvorwürfe belastet schien und dennoch offenbar unbeeinflußbar an seinen Symptomen festhielt. Seine Beziehungspartner wiederum, vor allem Eltern oder Ehepartner, definierten diesen entweder als krank und unfähig, auf sein symptomatisches Verhalten Einfluß zu nehmen, oder als unwillig, verstockt, trotzig und böse und es darauf anlegend, seine Eltern und/oder Partner zu belasten oder gar zu strafen. Man konnte von einer innerpsychischen wie intersubjektiven Clinch-Situation sprechen. Je länger sie anhielt, um so mehr traten bei den Betroffenen Frustration, Demoralisierung, gegenseitiges Anklagen und eine Chronifizierung der Symptomatik auf.

Ein Problem externalisieren bedeutete nun, es so zu benennen, so zu umgrenzen und damit zu »härten«, daß es sich sowohl aus der Sphäre der intrapsychischen Binnenkonflikte als auch der intrasystemischen Konflikte heraus und nach außen verlagern, d. h. sich zu einer Art Außenfeind machen ließ, den man nun gemeinsam bekämpfen konnte. Die Systemmitglieder konnten sich gegen den externalisierten Außenfeind solidarisieren, der Symptomträger war nicht mehr schwarzes Schaf, sondern Mitkämpfer. Michael Whites zahlreiche Fallbeispiele belegen, wie sich auf diese Weise in vielen hoffnungslos verfahrenen chronischen Situationen das Blatt zu wenden vermochte.

Die beschriebene Externalisierung läßt sich auch als Nutzung einer Verdinglichung, genauer: einer verdinglichten Abstraktion beschreiben. Gerade die indogermanischen Sprachen laden zur Verdinglichung von Abstrakta wie etwa Liebe, Kausalität, das Unbewußte, Psychose, Bulimie oder was auch immer, ein, die nunmehr wie kontextunabhängige Dinge gehandelt werden. Wie wir sahen, war es vor allem Bateson, der vor den Gefahren solcher Verdinglichung warnte. Aber mit Blick auf Externalisierungen kann man – wie schon früher bei unserer Betrachtung des Selbst-Konstruktes – sagen, daß auch in diesen Gefahren das Rettende, und das heißt nun eben: die Möglichkeit der Nutzung in Form von Externalisierung liegt.

Ohne das Wort Externalisierung zu kennen, nahmen wir in Heidelberg schon seit längerer Zeit solche Nutzungsmöglichkeiten wahr und bezogen sie in unser therapeutisches Repertoire ein.

Allerdings gehen wir noch einen Schritt weiter als Michael White: Wir versuchen, das zunächst aus dem Bereich der Binnen- und intersubjektiven Konflikte heraus und nach außen verlagerte Problem später wieder – in nunmehr modifizierter Form – so nach innen zurückzuverlagern, daß einerseits Ambivalenz erlebt werden kann, andererseits Kontexte berücksichtigt werden können. Anders ausgedrückt: Wir versuchen mitzuermöglichen, daß das innere Parlament wieder arbeitsfähig und bislang verhinderte Ausgleichsbewegungen und Selbstregulationen wieder möglich werden. Dabei hilft häufig das von unserem Heidelberger Team praktizierte »Splitting«. Es bedeutet: Unvereinbare Positionen, Anteile, Sichten werden als gleich möglich, gleich gültig, gleich sinnvoll für ein inneres Ringen um einen inneren Diskurs angeboten. Ein Therapeut kann sich entweder, was solche (scheinbar oder wirklich) unvereinbaren Anteile, Bedürfnisse, Sichten, Fraktionen etc. anbelangt, selbst spalten, oder es spalten sich die Ko- Therapeuten oder Mitglieder des Behandlungsteams, von denen sich nun jeweils das eine oder andere Mitglied zum Träger oder Befürworter einer Position oder Gegenposition macht. Die betroffenen Klienten und Mitglieder des Systems bekommen dadurch die Botschaft: Es ist in Ordnung, mehrere Seelen in der Brust herumzutragen, mit widerstreitenden inneren Tendenzen zu ringen, aber man kann auch darauf vertrauen, daß sich diese irgendwann und irgendwie einregulieren, daß dann das Individuum mit einer einzigen klaren Stimme zu sprechen vermag und auch innerhalb der Familie dann fällige Ko-Individuationsprozesse zum Zuge kommen können.

Im Gegensatz zu Klaus hat sich Eveline, eine 22jährige Medizinstudentin, offensichtlich in einer harten Beziehungsrealität eingerichtet. Darin gibt es klar benennbare Kausalität, dementsprechend Schuldige und Nicht-Schuldige, Gute und Böse. Man handelt und bewertet nach einem Entweder-Oder-Schema: Entweder ist man Spitze oder totaler Versager, ist man den Eltern nahe verbunden oder total von ihnen getrennt, hat man entweder hundertprozentigen Einfluß auf sein Verhalten und seine Symptome oder ist völlig einflußlos – und dies deshalb, weil eine Sucht, ein »Es«, ein Zwang, eine Antriebslosigkeit, eine Krankheit oder was auch immer so mächtig sind.

Wer sich in solch harter Beziehungsrealität einrichtet, neigt zum Alltagsfundamentalismus, neigt dazu, Abstraktionen in kontextvergessener Weise zu verdinglichen, neigt dazu, seine »Individuation gegen« zu radikalisieren, aber sich dadurch auch – sowohl in seinem inneren Parlament als auch in seinen Außenbeziehungen – in einen polarisierten Machtkampf, eine symmetrische Eskalation und/oder einen malignen Clinch hineinzumanövrieren und damit den fälligen Ko-Individuationsprozeß zu blockieren.

Hier ist nun ein Therapeut als Anwalt der bezogenen Individuation gefordert, der Kontextvergessenheit, dem Alltagsfundamentalismus und den in den Innen- wie Außenbeziehungen zum Zuge kommenden Polarisierungstendenzen entgegenzuwirken – und zu diesem Zwecke Verdinglichung bzw. Externalisierung zu nutzen.

164

Die Verdinglichung, die Eveline – ich sah sie in mehreren Einzelgesprächen – als Einstieg für ein Gespräch anbot, war ihre Bulimie.

Eveline sagte: »Ich wollte es nicht wahrhaben, habe mir immer etwas vorgemacht. Aber ich komme nicht mehr um die Erkenntnis herum: Seit fünf Jahren habe ich eine Bulimie, eine Freßsucht. Mehrmals wöchentlich habe ich Freßanfälle, denen ich nur durch Kotzen gegensteuern kann. Die Bulimie beherrscht mich mehr und mehr. Sie nimmt mir die Lebensfreude, gibt mir ein Gefühl von Ekel und Willensschwäche, hat inzwischen all die Hobbys aufgezehrt, die mir Spaß machen.« Nachdem Eveline die Bulimie derart als eine Macht verdinglicht hatte, der sie, Eveline, ausgeliefert war, kam es mir zunächst darauf an, diese Macht als kontextabhängig und damit als veränderlich erkennbar zu machen. Daher fragte ich nach, ob der Griff der Bulimie in den letzten fünf Jahren unabhängig von Zeit, Ort und zwischenmenschlichem Kontext gleichermaßen stark geblieben war. Das war offenbar nicht der Fall. Bis zu mehreren Wochen vermochte sich Eveline dann und wann diesem Griff zu entziehen – so etwa während der Ferien, wenn sie stark beschäftigt war und sich ablenken ließ, so wenn sie im Freundeskreis eine gute Zeit hatte. »Dann war der Freßdrang geringer, bedurfte es weniger Anstrengung, um mich zu beherrschen.« Am stärksten war dagegen der Freßdrang, wenn sie sich zu Hause, üblicherweise während der Wochenenden, bei den Eltern aufhielt. (Die Werktage verbrachte sie in ihrer Studentenbude in der nahegelegenen Universitätsstadt).

Ich ließ sie weiter beschreiben, welche Gefühle und Gedanken sich bei ihren Freßanfällen einstellten. Es stellte sich heraus, daß diese je nach Phase des Ablaufs und zwischenmenschlichem Kontext variierten. Zwei hauptsächliche Phasen ließen sich unterscheiden. In einer ersten Phase überkam sie das Verlangen nach etwas Süßem, nach etwas zum Naschen. »Ich war ja schon immer eine Naschkatze.« Nachdem wir uns etwas ausführlicher mit diesem Verlangen beschäftigt hatten, konnten wir uns darauf einigen, daß dieses nicht nur negativ zu bewerten war. Sie sagte: »Wenn ich das Süße, etwa die Schokolade, in meinem Mund spüre, ist es, als ob ich mich richtig fallen lassen darf. Das hat etwas Wohltuendes, Entspannendes an sich. Ich verwöhne mich selbst, und das tut mir gut.« Wir konnten uns weiter darauf einigen, daß dieses Erlebnis von Sich-fallen-Lassen und Selbstverwöhnung sehr demjenigen ähnelte, das sie hatte, wenn sie sich auf einen warmen, entspannten, freundschaftlichen Austausch einließ. Es leuchtete ihr ein, daß solche Ähnlichkeit des Erlebens mit ein Grund dafür sein könnte, daß sie im Zusammensein mit Freunden weniger Eßdrang verspürte.

Auf die erste Phase der Selbstverwöhnung folgte indessen eine zweite, während der sie immer weniger Verwöhnung und Entspannung verspürte. Zugleich fühlte sie sich einem nicht mehr aufzuhaltenden, körperlichen Automatismus ausgeliefert. Diese Phase endete dann regelmäßig mit dem Gefühl, sich selbst eklig, wieder einmal willensschwach gewesen zu sein, wieder einmal im Kampf gegen die Bulimie versagt zu haben.

Wie war nun – diese Frage stellte sich mir und Eveline als nächstes – zu erklären, daß sich die anfallsfreien Phasen nicht ausdehnen ließen und sich die Bulimie insgesamt so hartnäckig zeigte? Damit verband sich die Frage, ob sich hier nicht Teile ihrer selbst oder, wenn man nun so will: Fraktionen ihres inneren Parlamentes ins Spiel brachten, denen sie bisher zu wenig Beachtung geschenkt hatte. Diese Frage führte dann weiter zur Frage nach positiven Funktionen, die die Bulimie möglicherweise erfüllen könnte, das heißt, legitimen Bedürfnissen und Anteilen, die in dem bulimischen Geschehen zum Ausdruck kamen. Das lenkte dann den Blick zum einen auf den inneren Machtkampf, die blockierte demokratische Kompromißfindung und Selbstregulation, und dann auf den zwischenmenschlichen Kontext, in dem die Bulimie am stärksten aufzutreten pflegte: den häuslichen bzw. familiären Kontext.

Eveline berichtete dazu: »Seit ich mich erinnern kann, war das Zusammenleben meiner Eltern chaotisch, gab es Streit«. (Dieser Streit zeigte sich in mehrgenerational bestimmten Delegationen und Erwartungen begründet, deren genauere Analyse allerdings im gegebenen Therapiekontext nicht angebracht schien). Dieser Dauerstreit habe verhindert und verhindere noch heute, daß sie sich von ihren Eltern ernst genommen und wertgeschätzt fühle. Nachfragen ergaben weiter: Bis zum 14. oder 15. Lebensjahr sei sie

Vaters Sonnenschein gewesen. Er habe sich an ihren blonden Haaren, ihrer Attraktivität, ihrer positiven Ausstrahlung, ihrer Sportlichkeit gefreut, habe ihr deshalb eine erfolgreiche Karriere nicht nur als Ärztin, sondern auch als Mannequin prophezeit. Aber dann kam es wie ein Schock, als er sagte: »Paß ein bißchen besser auf deine Diät und dein Gewicht auf, sonst wirst du noch ein Pummel.« Von diesem Augenblick an war die bis dahin heile Welt ihres inneren Parlaments gestört. Anstatt darauf vertrauen zu können, daß sich dessen »Bedürfnis-Fraktionen« in einer für sie insgesamt gut demokratischen Weise miteinander zu arrangieren vermochten, ließ sie sich nun von einer Außeninstanz in Gestalt ihres Vaters in das innere Regierungsgeschäft dreinreden. Um wieder zu einer guten Binnenregulation zurückzufinden, hätte sie sich nunmehr ein Stück weit den Erwartungen des Vaters entziehen, das heißt, hätte sie sich ein Stück weit gegen diesen individuieren müssen. Aber das gelang ihr nicht.

Das wiederum schien damit zusammenzuhängen, daß sie daheim, gerade als sie sich zunehmend in die Welt der Gleichaltrigen hineinzubewegen anschickte, mehr und mehr in ein Konflikt- und Spannungsfeld geriet: Im Konflikt der Eltern fühlte sie sich als Vermittlerin angesprochen und gebraucht. Dies genoß sie einerseits (sie durfte sich ja als wichtig erleben), andererseits fühlte sie sich eingeengt, gebunden und in ihrer Entwicklung gehemmt. Mit diesem Erlebnis von Eingeengt- und Gehemmtsein stellten sich zunehmend Gefühle von Ausweglosigkeit, aber auch von Wut und Trotz ein. Diese Gefühle brachte Eveline in unseren Sitzungen unter Tränen zum Ausdruck. Als wir darauf näher eingingen, erschien auch ihr bulimisches Verhalten in neuem Licht: Sie erkannte darin (auch) eine Waffe, um den Eltern heimzuzahlen, was diese, wie sie meinte, ihr angetan hatten: Indem sie sich als bulimische Dauerpatientin darbot, lieferte sie den lebenden Beweis für deren elterliches Versagen. Das wiederum trieb die schuldbelasteten Eltern zu Rechtfertigungsversuchen und Hilfsangeboten. Eveline konnte immer wieder hören: »Wir werden nichts unversucht lassen, um dir bei der Heilung von deiner Sucht zu helfen«, was bei ihr wiederum Gefühle von Macht und Wichtigsein, aber auch von Bedauern für die armen, hilflosen Eltern verstärkte. Damit aber intensivierte sich Evelines Bindung an letztere, wurde die fällige »Individuation gegen« wieder erschwert. Was sie auch tun mochte, Eveline erlebte sich in einer Falle. Was sie wirklich zu brauchen meinte und einzuklagen berechtigt glaubte, waren Liebe und Wertschätzung der Eltern um ihrer selbst und nicht um ihrer Bulimie willen. Dennoch erschien die Bulimie als ihre einzige Handhabe, um die ihr, wie sie meinte, zu Unrecht vorenthaltene elterliche Liebe und Wertschätzung zu erzwingen, eine Liebe und Wertschätzung, an deren Echtheit sie um so mehr zweifelte, je mehr die Eltern ihr davon zu geben versuchten. Aber die Eltern waren nicht weniger in der Falle. Denn welche Möglichkeit hatten sie, der Tochter zu vermitteln, daß ihre Liebe und Wertschätzung »echt« waren, also nicht nur ihrer Bulimie, sondern ihr selbst galten?

Diese Situation nährte bei Eveline eine weitere Befürchtung: Wenn es ihr auch gelingen sollte, sich – wie auch immer – aus dem Clinch herauszureißen, würde sie damit nur erreichen, als hilfloses Geschöpf haltlos in eine unübersichtliche und kalte Welt zu driften. Das war nicht zuletzt auch Ausdruck und Folge ihres Entweder-oder-Schemas: Entweder bin ich den Eltern innig verbunden, geborgen und geschützt, oder ich bin ein einsames, schwankendes Rohr im Winde. Es leuchtete ihr ein, daß angesichts ihrer Angst vor dem Driften die Bulimie eine weitere Funktion erfüllen könnte: als eine Art innerer Stabilitätsanker zu dienen, der solch Driften verhinderte – obschon (oder weil) dieser Anker als nicht beherrschbare Sucht, als innerer Zwang oder Automatismus erlebt wurde.

Bei solcher Verknäuelung einander widersprechender und sich rekursiv verstärkender Ängste, von innen wie außen kommender Forderungen und Reaktionen zementierte sich gleichsam der Clinch mit den Eltern, trat der fällige familienweite Ko-Individuationsprozeß auf der Stelle. Zugleich kam es sowohl zu einer Entdifferenzierung als auch Polarisierung in Evelines innerem Parlament. Dessen Konfliktparteien – so etwa die Partei, die die Interessen der Selbstverwöhnung und Entspannung vertrat, so die, die sich um Geborgensein und Stabilität sorgte –, konnten sich nicht mehr im demokratischen Diskurs zur Geltung bringen, konnten nicht mehr einen fairen Kompromiß aushandeln, konnten sich als Ambivalenzanteile nicht mehr ausbalancieren. Man kann sagen: Die Bulimie nahm einen Teil dieser widersprüchlichen Bedürfnisse in sich auf, entwickelte sich aber gleichzeitig zur inneren Tyrannin. Und im Versuch, diese Tyrannin zu stürzen, verzehrte dann Eveline ihre Energien.

Zugleich kam es dabei zur Polarisierung zwischen zwei Anteilen ihrer selbst: der sich tyrannisch gebärdenden Bulimie und jenem Anteil, der dagegen ankämpfte, aber letzten Endes immer wieder unterlag. Dieser innere Kampf erhielt sich nicht zuletzt durch den äußeren Kampf, den Eveline mit ihren Eltern führte. Aber auch dieser Kampf war nun durch Entdifferenzierung und Entdemokratisierung – das Fehlen eines demokratischen Diskurses – wie auch durch Polarisierung gekennzeichnet; auch dieser Kampf rannte sich fest, geriet zum Clinch. Sowohl das, was auf der innerpsychischen als auch das, was auf der innerfamiliären Beziehungsebene ablief, trug somit zur Blockade des fälligen familienweiten Ko-Individuationsprozesses bei.

Evelines Fall darf als beispielhaft für viele ähnliche gelten, in denen sich der Individuationsprozeß festrennt und dies mit Symptombildungen bzw. symptomatischem Verhalten einhergeht. Bei um Individuation bemühten Jugendlichen oder jungen Erwachsenen kann man demgemäß von einer Selbstsabotage der »Individuation gegen« sprechen: Indem sie ihre »Individuation gegen«, koste es, was es wolle,zu forcieren suchen, verstärken sie letztlich nur Bindung, Clinch und Symptombildung.

Auch bei vielen anorektischen Patientinnen läßt sich sagen, daß sie ihre »Individuation gegen« gleichsam an zwei Fronten forcieren – einer Außenfront und einer Innenfront. Die Außenfront wird durch die Eltern, genauer: deren Grundwerte und Grundeinstellungen gebildet. Diese Grundwerte und Grundeinstellungen – das haben Gunthard Weber und ich an anderer Stelle beschrieben[9] – bezeugen sich in einer Fürsorge, für die vor allem Nahrung zur Währung der Liebe wird. Aber gerade Nahrung und insbesondere die von den Eltern gebotene Nahrung weist die Anorektikerin zurück. Damit individuiert sie sich sozusagen gegen die elterliche Fürsorge, verwundet sie die Eltern, löst sie bei diesen tiefste Schuld-

und Versagensgefühle aus, erreicht aber dadurch letztlich nur, daß sich die Bindung verstärkt und die »Individuation gegen« nicht zu greifen vermag.

Die Eltern, die ihr Kind vom Tod bedroht sehen, beschäftigen sich ihrerseits mehr denn je innerlich mit diesem. Sie denken an dieses Kind Tag und Nacht, suchen, sooft es geht, angstvoll und schuldbewußt Kontakt mit ihm zu halten. Das erlebt die Tochter noch mehr als Einengung, noch mehr als Bedrohung ihrer Kernidentität. So forciert sie noch mehr ihre »Individuation gegen« und treibt damit den negativen Zirkel noch weiter. Das Drama, bei dem es dann fast nur noch um Essen oder Nicht-Essen, um Kontrollieren oder Kontrolliertwerden geht, läßt dann in den Hintergrund treten, was alle ängstigt: die Trennung voneinander, der Verlust des Familienzusammenhalts. Solche Angst nährt sich wieder aus einem Entweder-oder-Denken: Entweder bin ich ganz zusammen, ganz verbunden, ein Herz und eine Seele, oder ich bin ganz getrennt, ohne jeden Halt und ohne Geborgenheit und nicht mehr überlebensfähig.

An der Innenfront versucht sie sich sozusagen gegen ihren Körper – dessen Bedürfnisse, Ansprüche, Triebhaftigkeit – zu individuieren. Noch mehr als die eben beschriebene Eveline erlebt die Anorektikerin diesen Körper als Tyrannen, dem es, koste es was es wolle, zu widerstehen gilt und den sie dann auch in einem Triumph des Willens zu überwältigen meint. Aber auch hier bleibt der demokratische Binnendiskurs auf der Strecke, ja, die Anorektikerin verliert aus den Augen, daß, sollte ihr der totale Sieg über den Körper gelingen, sie sich selbst zerstören würde, ebenso wie sie aus den Augen verliert, daß sie durch die beschriebene forcierte Individuation gegen ihre Eltern ihre Abhängigkeit von diesen nur verstärkt, den Clinch nur weiter zementiert.

Dieses – idealtypisch gezeichnete – anorektische Drama unterscheidet sich nicht zuletzt dadurch vom typischen bulimischen Drama, daß die Mitspieler im ersteren, koste es was es wolle, Streit und Konflikt zu vermeiden suchen. Es fehlt ihnen die vielen Bulimikerinnen geläufige Erfahrung, daß man sich auch im Dauerstreit irgendwie arrangieren kann, daß das Leben auch unter Konflikten weitergeht. Mitglieder typischer Anorektikerfamilien schrecken dagegen nach unseren Erfahrungen vor offenem Streit und Konflikt zurück. Er beschwört für sie die Gefahr herauf, daß, ließe man ihn erst zu, er schnell unkontrollierbar eskalieren könnte. Und das würde dann dauernde Trennung, dauernde Verbitterung, dauernde Unversöhnlichkeit bedeuten. Daher müssen in jedem Fall Konflikte verdeckt bleiben, müssen sie in den Familienuntergrund abgedrängt werden. Einem Außenbeobachter zeigen sich eher Lähmung und Pseudoharmonie als – wie bei vielen Familien mit Bulimikerinnen – Agitation und Pseudofeindschaft. Aber ob nun das eine oder andere vorherrscht, die fällige bezogene Individuation bleibt blockiert.

Anmerkungen

[1] Gellner, E. (1988): Pflug, Schwert und Buch. Grundlinien der Menschheitsgeschichte. Stuttgart (Klett-Cotta), 1990.

[2] Wynne, L. C./McDaniel, S. H./Weber, T. T. (Hrsg.) (1986): Systems Consultation. A New Perspective for Family Therapy. New York, London (The Guilford Press).

[3] Ludewig, K. (1992): Systemische Therapie. Grundlagen klinischer Theorie und Praxis. Stuttgart (Klett-Cotta).

[4] Simon, F./Weber, G. (1990): Keins von beiden. Über die Nützlichkeit der Neutralität (Post aus der Werkstatt). *Familiendynamik* 15, S. 257–265.

[5] Weber, G./Simon, F. (1987): Systemische Einzeltherapie. *Zeitschrift für Systemische Therapie* 3, S. 192–206.

[6] Retzer, A. (1994): Psychose und Familie. Stuttgart (G. Fischer).

[7] Retzer, A.: Forever young – Zur Pathologie einer Illusion. Eine Falldarstellung, in: Schweitzer, J./Retzer, A./Fischer, H. R. (Hrsg.) (1992): Systemische Praxis und Postmoderne. Frankfurt (Suhrkamp), S. 136–160.

[8] White, M./Epstein, D. (1989): Die Zähmung der Monster. Literarische Mittel zu therapeutischen Zwecken. Heidelberg (Carl-Auer-Systeme), 1989.

[9] Weber, G./Stierlin, H. (1989): In Liebe entzweit. Reinbek (Rowohlt).

Schlußbemerkung

Wie immer sich ein Therapeut oder eine Therapeutin auch definieren mag – sei es als Mitentdecker von Ressourcen und Lösungen, sei es als Helfer beim Verfassen neuer Geschichten, sei es als Anwalt von Neutralität oder bezogener Individuation – auch er/sie bleibt Haltsucher und Haltgeber in einer sich wandelnden Welt. Anders ausgedrückt: Er/sie bleibt gefordert, Halt in Haltlosigkeit zu suchen wie auch zu schaffen.

Wie schwierig dies indessen im Bereich von Psychiatrie und Psychotherapie sein kann, zeigt ein letzter Blick auf ein Unternehmen, in das derzeit viel intellektuelle Energie investiert wird. Das ist das gegenwärtige Bemühen um verbindliche Diagnoseleitfäden. Ich erwähnte bereits, daß derzeit der vierte Leitfaden der Amerikanischen Psychiatrischen Gesellschaft DSM-IV in Arbeit ist. Wie sein Vorgänger DSM-III-R wird er voraussichtlich von vielen Mitgliedern der internationalen psychiatrischen Gemeinde übernommen werden. Derzeit arbeiten mehrere Komitees von Fachkollegen an dem Leitfaden. In amerikanischen psychiatrischen Zeitschriften wird darüber fast laufend berichtet.

Den Diagnoseleitfaden kann man als einen Versuch verstehen, die psychiatrische Postmoderne übersichtlicher zu machen, die gleichsam ins Kraut schießenden diagnostischen und psychotherapeutischen Ansätze zu beschneiden und zu zähmen, um für den Diskurs zwischen Fachleuten, für das Bemühen von Gesetzgebern, für die vergleichende Forschung und nicht zuletzt auch für die Indikation und Bewertung von Psychotherapie verbindliche Maßstäbe zu schaffen.

Aber so notwendig dies erscheint, erweist es sich mit Blick auf Psychotherapie auch als problematisch. Man braucht nicht so weit zu gehen wie Ronald Laing, der den besagten Diagnoseleitfaden als eine Neuauflage des berüchtigten mittelalterlichen Hexenhammers bezeichnete, mit dessen Hilfe man Hexen überführte und folterte. Aber fest steht: Der diagnostische Halt, der hier geliefert oder versprochen wird, engt den Raum für das Finden kreativer

Lösungen, für Umdeutungen, für das Neufassen von Geschichten, für eine individualisierte Psychotherapie und Selbstregulation ein. Er fördert und legitimiert Kontextvergessenheit. Radikalisiert sich also auch hier einer der Widersprüche, die uns die Postmoderne beschert? Und wenn ja, wie läßt sich damit umgehen? Auch am Ende dieses Buches bleiben mehr Fragen als Antworten.

Anhang

Exzerpt aus dem Transkript einer Familientherapie. Es handelt sich um die vierte Sitzung. Personen: Klaus, die Schwester Michaela, Vater, Mutter, Therapeut 1 und Therapeut 2. (Der Vater kommt in diesem Ausschnitt nicht zu Worte.)

Michaela berichtet, wie Klaus die Themen »sexueller Mißbrauch durch den Vater« und »Homosexualität« in die Familie einbrachte: Klaus führte mit einem langjährigen Freund der Familie, »der sich sehr für Psychologie interessiert«, ein etwa achtstündiges Gespräch. Am Ende dieses Gesprächs verläßt dieser Freund sehr empört über die Eltern die Wohnung, nachdem er der Familie die Gründe für seine Empörung mitgeteilt hatte. Zum Zeitpunkt des Familiengesprächs ist ungewiß, ob die langjährige Freundschaft endgültig zu Ende ist oder noch repariert werden kann. Im folgenden nimmt nun die Mutter zunächst zu diesem Ereignis Stellung.

Mutter: Ja, das ist eigentlich die Situation, wie sie eben beschrieben wurde. So ist das. Ich habe viele Stunden gebraucht, um herauszufinden, was an diesem besagten Nachmittag gewesen ist. Samstags war ich mit ihm (Klaus) allein, und ich habe ihm gesagt: »Also Klaus, so geht das jetzt nicht, du erzählst anderen Menschen über Bereiche, die wir also überhaupt nicht erkennen können, du deutest seit einiger Zeit an, daß dir etwas aufgegangen ist, dem du nachgehen mußt und wo du noch keinen endgültigen Konsens hast. Aber diese Andeutungen sind so diffus für uns, da ist nichts zum Greifen für uns.« Er hat immer davon gesprochen, und wenn ich dann gezielt nachfragte, wenn ich sagte, ich muß dann ein Beispiel haben . . .

Th 2: Er liebt es im Nebel zu wandern?

Mutter: Ja. Also wirklich das zu vernebeln.

Th 2: Naja, manche lieben die Klarheit und andere den Nebel. Das kommt beides vor.

Mutter: Ja, und da bin ich nicht mit ihm zurechtgekommen. Wir haben ihn oft danach gefragt, und bei dem Freund, da hat er es dann endgültig mal ausgesprochen. Ich weiß nicht, warum er das bei uns nicht gewagt hat. Er hat an dem Samstagmorgen gesagt: »Ich hab das nicht gewagt, weil ihr mir ja nicht glaubt. Ihr glaubt mir ja nicht. Ihr würdet ja auf jeden Fall verneinen, daß der Vater sich an mir sexuell vergangen hat. Ihr würdet ja in jedem Fall sagen, ich lüge.«

Th 2: Klaus, sehen Sie sich selbst als einen Nebel-Liebhaber? Vernebelungsexperten?

K: Nein, ich hätte lieber die Klarheit. Aber es ist irgendwas im Nebel untergegangen.

Th 2: Sind Sie jemand, der sich vom Nebel anregen läßt, ja, bis es also ganz neblig wird, alles, Vergangenheit, Zukunft, alles sich vernebelt. Was jetzt ist und . . .?

K: Das passiert mir immer wieder. Aber irgendwie – nicht daß ich das will – ja, dann befinde ich mich automatisch im Nebel.

Th 2: Ja, man kann sagen, das sind Möglichkeiten des Nebels, die kann man erzeugen, es gibt aber auch Nebelschwaden, da kann man seinen Kopf reinstecken und wieder rausnehmen. Es gibt die verschiedensten Möglichkeiten, mit Nebel umzugehen. Aber daß Nebel als Atmosphärisches da ist, das würde ich natürlich auch nicht abstreiten.

K: Ich weiß nicht, wo ich mich da befinde. Im Moment fühle ich mich ganz stark im Nebel, und ich weiß nicht, wie ich aus dem Nebel rauskommen soll. Sei es, ich habe ihn selber gemacht, sei es, daß er aufgetaucht ist irgendwann.

Th 1: Warum wäre es so gut, so schnell aus dem Nebel herauszukommen?

Th 2: Nicht wahr, Hermann Hesse sagt: »Seltsam im Nebel zu wandern. Seltsam ist jeder Baum und Stein, keiner kennt den andern und jeder ist allein.« So ungefähr geht das Gedicht, aber mit einer sehr positiven Beziehung dazu, zum Nebel . . .

K: Dinge, die man – vielleicht auch nicht, das ist eine ganz neue Sicht – wenn man Dinge klar hat, dann kann man damit umgehen, man sieht sie, so wie sie sind. Und man kann sich eher entscheiden, die will ich nicht oder die will ich doch.

Th 1: Ja, aber da läßt sich fragen, ob das nicht im Nebel leichter fällt zu entscheiden, die will ich nicht oder die sehe ich anders. Da hilft einem der Nebel. Oder?

K: Hm. Das ist eigentlich eine gute Idee.

Th 1: Also ich weiß nicht, ob sie gut ist, nur das ist meine Frage.

Th 2: Die kann man auch fragen. Es gibt ja manche Entscheidungen, die nicht einfach sind. Ich könnte mir vorstellen, daß es ganz nützlich ist, Entscheidungen so ein bißchen im Nebel zu lassen. Besonders für junge Menschen heutzutage sieht es oft so aus, wenn sie sich so oder so entscheiden, sie meinen, sie müßten sich so und so entscheiden, dann machen sie so eine Entscheidung fürs ganze Leben, die man vielleicht nicht wieder rückgängig machen kann. Also unter Umständen kann es nützlich sein, die Entscheidung ein bißchen aufzuschieben.

K: Ja.

Th 2: Und da kann der Nebel gar nicht so schlecht sein.

K: Ja, stimmt.

Th 1: Ich würde noch gern die Frage stellen, ob es jetzt so, wo Sie sich bemühen, Fuß zu fassen, eher angezeigt ist, sich ein bißchen Nebel zu erhalten oder Halbnebel, der sich mittags lüftet vielleicht, abends wieder senkt, oder?

K: Bißchen Nebel, das täte ganz gut.

Im folgenden wird versucht, die Nebelmetapher zunächst als einen aktiven Prozeß auf Klaus zu attribuieren, der nicht in Widerspruch zu einer erfolgreichen Entwicklung ins Erwachsenenleben steht. Dann wird diese Metapher in einen interaktionellen Kontext gestellt und die Frage nach dem interaktionellen Sinn aufgeworfen.

Th 1: Ich habe es so verstanden, daß er sagt: Also ich habe vor, meine eigenen Wege zu gehen, aber indem ich mit einer relativen Klarheit meinen eigenen Weg gehe, werfe ich gleichzeitig eine Nebelbombe in Richtung Mutter.

K: Ja, so hatte ich das gemeint.

Th 1: Jetzt haben wir es. Ein cleverer Bursche? Das heißt, hinter der Nebelwand, wo Sie von der Mutter möglicherweise nicht so ganz deutlich gesehen werden können, gehen Sie in aller Klarheit Ihren Weg. Das hat ja der künstliche Nebel so an sich, daß man

Nebel in eine bestimmte Richtung werfen kann und sich in die andere mit um so mehr Klarheit fortbewegen kann. Hab' ich das so richtig verstanden?

K: Ja, ja.

Th 1: Ah ja.

Th 2: Jetzt bin ich auch wieder im Bilde und entnebelt.

K: Was nicht heißt, daß ich nicht irgendwann Klarheit bekommen werde, aber vielleicht eine unliebsame Klarheit.

Th 1: Klarheit in bezug auf was?

K: In bezug auf meine Mutter.

Th 1: Mich würde interessieren, wie das denn aussehen könnte, in Richtung auf die Mutter eine Nebelbombe zu werfen?

K: Das ist eine gute Frage.

Th 1: Danke.

K: Ich habe keine Ahnung.

Th 1: Mit den Nebelbomben ist das ja so, die Frage wäre: Was würde Mutter als Nebel betrachten? Was würde Mutter als Nebel wahrnehmen? Was könnte das sein, was Sie, Klaus, tun könnten, was dann von Mutter als Nebel betrachtet werden könnte?

K: Irgendwie hab ich so die Vorstellung, wieder nach B. zu gehen und wieder die Beziehung zu meiner Freundin zu intensivieren und – ja, damit Nebel zu verbreiten.

Th 1: Ja, aber wie? Würde das allein schon reichen, wenn Sie nach B. gehen, es sich in B. gut gehen lassen und die Beziehung zu Ihrer Freundin auch auf ein für Sie gutes Niveau bringen? Würde das allein schon reichen, von der Mutter als Nebel betrachtet zu werden?

K: Die Frage würde ich gerne weitergeben.

Th 1: Ich würde sie gern, wann Sie einverstanden sind, Klaus, Ihrer Schwester stellen? Michaela, Sie kennen beide ganz gut. Sie kennen den Nebelwerfer und den Nebelempfänger ganz gut. Ja, was würde Mutter unter Nebel verstehen?

Mi: Mutter würde wahrscheinlich unter Nebel verstehen, wenn die Dinge so weiterliefen, und wenn Klaus weiterhin in B. seinen Weg ginge, mit Beate seinen Weg ginge, und wenn er nach Hause käme und – ja, uns zeigen würde oder demonstrieren würde, daß es ihm nicht gut geht.

Th 1: Also, Klaus könnte es sich gut gehen lassen in B., wenn wir das mal voraussetzen? Er könnte es sich gutgehen lassen mit Beate? Er müßte nur zu Hause Mutter erzählen, es ginge ihm schlecht?

Mi: Ja.

Th 1: Das wäre die entscheidende Nebelbombe. (Zu Klaus) Würden Sie dem zustimmen?

K: Ist ne ganz gute Idee, ja.

Th 1: Was wäre der Vorteil dieser Idee?

K: Der Vorteil wäre, daß ich meinen eigenen Weg gehe, aber trotzdem von Mutter das bekommen könnte, was ich wollte.

Th 1: Das wäre was?

K: Ja, – so ne, so ne Nähe und Zuneigung.

Th 1: Das Nebelhorn würden Sie gerne ab und zu hören wollen?

K: Richtig, ja!

Nachdem ein interaktioneller Kontext zwischen »Nebelwerfer« und »Nebelhorn« konstruiert wurde, wird im folgenden die Metapherebene verlassen und durch interaktionelle Erfahrungen auf der Handlungsebene validiert.

Th 1: Warum nicht? Das leuchtet mir schon irgendwo ein. Wenn Sie sich es genauso gut gehen lassen würden ohne Nebel in B., mit Beate und sonstwo, aber Sie würden Mutter nicht den Anlaß geben, das Nebelhorn ab und zu röhren zu lassen, da könnten Sie ja auf die Idee kommen, daß Sie möglicherweise gar nicht mehr in Verbindung sind mit Mutter.

K: Richtig. Ganz genau.

Th 1: Aber mit einem Nebelhorn, was ab und zu röhrt, mit dem ist man zumindest in Verbindung.

K: Ja. Ja. Richtig. Ganz genau.

Mutter: Aber da bin ich eine schlechte Mutter. Genau das hat er immer versucht, z. B. als er aus der Kirche ausgetreten ist, da hat die Mutter eben nicht geröhrt, sondern sie hat versucht, ihn zu akzeptieren und zu verstehen.

Th 1: Sie waren also ein schlechtes Nebelhorn, meinen Sie?

Mutter: Ja, ich war ein schlechtes Nebelhorn. Er hat, als er aus

178

Kanada zurückkam, ein Höschen von einer Freundin gehißt, demonstrativ ins Zimmer gehängt. Er hat also vermißt, daß ich jetzt aufgedreht habe, sondern ich gesagt habe: »Hör mal, wir brauchen das nicht zu wissen, wenn du eine Freundin hast und sexuellen Verkehr hattest, du bist alt genug, das ist deine Angelegenheit.« Er vermißte also etwas, immer wenn er so etwas machte – oder er hat sich den Kopf kahl geschoren und hatte nur eine Locke hier. Er hatte nichts erreicht, er hat kein Röhren bekommen von mir, und er war wahrscheinlich auch irgendwo enttäuscht. Und so ist das also immer weitergegangen . . .

Nun wird versucht, hypothetische Veränderungen des Interaktionskontextes »Nebelwerfer/Nebelhorn« vorzunehmen, zunächst durch hypothetische Veränderungen auf der Ideenebene der Mutter.

Th 1: Könnten Sie sich vorstellen, Klaus, daß Mutter auch ab und zu das Nebelhorn anwirft, auch bei relativ wenig Nebel aus der Sicht von Mutter?

K: Ja. Das wär ja unfaßbar.

Th 1: Unfaßbar toll oder –?

K: Unfaßbar toll, ja.

Th 1: Ah ja.

K: Aber davon wage ich gar nicht zu träumen.

Th 1: Also quasi so, daß Sie Nebel produzieren, aber Mutter schon bei wenig Nebel das Nebelhorn röhren läßt?

K: Ja.

Th 1: Trauen Sie das Mutter zu? Also, daß Mutter quasi die Idee bekommen könnte, eigentlich ist es ja noch gar nicht notwendig. Die Binnenschiffahrt funktioniert auch ohne Betätigung des Nebelhorns ganz gut, aber daß Mutter sich sagen könnte, also lieber dreimal mehr geröhrt als einmal zu wenig? Glauben Sie, Mutter würde sich eine solche Idee zu eigen machen?

K: Ich glaube nicht.

Th 1: Wie kommt es, daß Sie Mutter das nicht zutrauen?

K: Ich weiß nicht. Ich hab das immer wieder versucht, genau das zu erreichen, und es hat nie etwas gebracht. Es hat nie gefruchtet.

Th 1: Ja, auch jetzt, Arm in Arm mit der Psychiatrie? Sie haben sich ja jetzt Verstärkung geholt in den letzten Monaten, den Psychiatrienebel sozusagen hinzugezogen.

K: Ja, genau. Hat nicht viel geholfen. Eher im Gegenteil.

Th 2 (zur Mutter): Ja meinen Sie, er hat noch Möglichkeiten, einen Zahn zuzulegen? Es ist ja schon ziemlich viel Pulver verschossen worden, nicht? Also Höschen von der Freundin oder Psychiatrie oder dies und das. Meinen Sie, er hat noch eine Menge in der Hinterhand?

Mutter: Er kann nicht mehr viel in der Hinterhand haben, denn er sieht ja, daß wir ja auch versuchen, ihn ein Stück weit zu verstehen, wir sagen ihm z. B. in punkto Schwulsein, –

Th 2: Das wäre auch so ein ganz schönes Geschoß für die Eltern?

Mutter: Das ist für uns ein Geschoß. Und wir sagen ihm dazu, wir können nicht Zeter und Mordio schreien. Wir denken, du gehst ins Leben hinein, und dann wird sich das im Umgang mit den Menschen zeigen, ob du auf Männer fixiert bist oder auf Frauen. Wir können nicht hergehen, als Vater und Mutter, und sagen, du bist nicht schwul oder du bist schwul.

Th 2: Meinen Sie, Klaus, Sie haben Ihr Pulver verschossen oder . . .?

K: Ja, ich komme langsam an meine Grenzen.

Th 2: Oder gibt es da noch ein paar Wunderwaffen?

K: Nein, nein, da ist nichts mehr möglich. Ich bin echt am Ende. Also ich wüßte nicht, was ich noch ziehen könnte. Das ist das Erschreckende, daß mir nichts mehr einfällt, worauf Mutter noch einsteigen könnte. Weil, ich habe so das Gefühl, daß ich immer etwas verbreiten müßte, damit ich überhaupt eine Sensation bekomme.

Th 2: Was ist da die Idee? Entweder ganz starker Tobak, also Höschen, Punkerfrisur, Psychiatrie, Schwulengeschichten, oder sonst ist überhaupt nichts mehr da? Also immer noch zulegen, weil sonst ist das Nichts, die Trennung. Also so hört es sich ja an?

K: Ja, ganz genau, so fühlt es sich auch an.

Nachdem hypothetische Veränderungen bei Mutter nicht angenommen wurden, werden nun im folgenden, unter Beibehaltung konstanten Verhaltens der Mutter, hypothetische Veränderungen bei Klaus angeregt.

Th 1: Klaus, also angenommen, es wäre so, daß Mutter und Vater – Michaela weiß ich nicht, aber ich glaub, es geht hauptsächlich um Mutter und Vater –, daß die sich so viel starken Tobak von Ihnen bieten lassen, daß Sie quasi an die Grenze kommen. Sie haben nichts mehr auf der Hinterhand, was Sie auflegen können, wenn das hier ein Skatspiel wäre. Da stellt sich ja die Frage: Angenommen, das wäre so, daß die Familie durch das, was Sie bieten können an Sensationen, einfach nicht zu den Reaktionen, zum Nebelhorn oder was auch immer, zu bewegen ist, wenn das so wäre, was machen Sie dann?

K: Ja, ich komme an den Punkt, wo ich damit aufhören muß, wo ich sehe, das bringt alles nichts.

Th 1: Da ist Hopfen und Malz verloren bei den Eltern?

K: Ja, und jetzt muß ich gucken, wie ich alleine zurechtkomme.

Th 1 (zu Th 2): Früher hat man das »repressive Toleranz« genannt, nach Herbert Marcuse.

Th 2: Ja.

Th 1: Die sind schon so tolerant, daß es einem weh tut.

K: Richtig.

Th 1: Da wird die Schwulenfahne, die rosa Fahne, das rosa Dreieck sozusagen gehißt, das Unterhöschen oder sonst irgendwas, und die »repressive Toleranz« schlägt wieder zu, so daß es einem mächtig weh tut.

K: Ja.

Th 1: Ja, aber angenommen, das wäre einfach so: Sie haben einfach das Unglück, in eine Familie hineingeboren zu sein, das passiert ja gelegentlich, man kann sich das ja nicht aussuchen. Also Sie haben Eltern, die einfach eine dermaßen große Toleranz, sozusagen bis zum Anschlag zeigen, wo Sie einfach nichts mehr zum Ausreizen haben, was die in irgendeine Form von Bewegung bringt, Nebelhorn und sonst irgendwas. Angenommen, das wäre so, wie wird denn Ihr Leben weiterverlaufen? Ihr Leben als toleranzgeschädigter Sohn.

K: Irgendwie würde ich nicht mehr versuchen, mich mit meinen Eltern auseinanderzusetzen.

Personenregister

Ackerman, Nathan 42f., 49f.
Ainsworth, Mary 117

Balint, Michael 26, 69f.
Basaglia, Franco 24
Bateson, Gregory 51, 56–62, 67ff., 79f., 83f., 86, 88, 91, 163
Bateson, William 56
Bertalanffy, Ludwig von 58
Bettelheim, Bruno 25
Blos, Peter 25
Bohannan, Paul 32
Bono, Edward de 17
Boszormenyi-Nagy, Ivan 47, 50f., 75
Bowen, Murray 43, 46–50
Bowlby, John 117
Briggs, J. 21
Burkart, G. 34f.

Cade, Brian 23, 108
Cannon, Walter 59
Cornelison, Alice 40

Darwin, Charles 57
Deutsch, Felix 25
Donovan, Denis M. 119
Duss-von Werdt, Josef 76

Einstein, Albert 21
Eissler, Kurt 25, 27
Emrich, Hinderk 94

Erickson, Milton 87, 89–92, 103, 106, 108
Erikson, Erik 25, 129f., 160

Fairbairn, W. R. D. 26
Faulkner, William 49
Federn, Paul 25
Fenichel, Otto 25
Ferenczi, Sandor 69
Feyerabend, Paul 22
Fleck, Stephen 40
Förster, Heinz von 81
Freud, Anna 26
Freud, Sigmund 23, 51f., 57, 72, 89f., 100, 108, 122, 129
Fromm-Reichmann, Frieda 25, 72
Fry, William 56

Gellner, Ernest 153
Genain-Vierlinge 46f.
Gergen, Kenneth 82, 145
Gerö, Clara 70
Gilligan, Stephen 108
Glasersfeld, Ernst von 81
Goethe, Johann Wolfgang v. 97, 122
Goolishian, H. 40
Grawe, Klaus 29
Grossmann, Klaus E. und Karin 117, 126

Haley, Jay 55ff., 71, 89, 91, 130
Hartmann, Heinz 25

Sachregister

Unsere Art – zwischen Natur und Kultur

**Alles, was Sie schon immer über unsere Art wissen wollten,
Ihnen <u>so</u> aber noch niemand erklären konnte.**

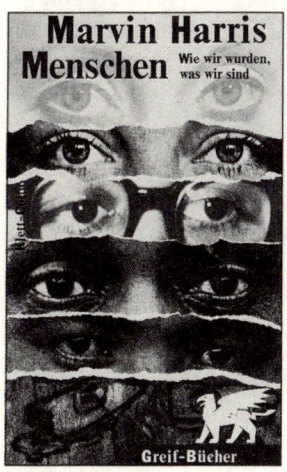

Aus dem Amerikanischen
von Ulrich Enderwitz
536 Seiten,
Breitklappenbroschur
ISBN 3-608-93289-5

Weltweit gesehen ist Marvin Harris wohl der populärste Anthropologe der Gegenwart. Seine bislang siebzehn Bücher wurden in fünfzehn Sprachen übersetzt. »Menschen« ist die Quintessenz seines Lebenswerks, das Resümee, in dem er alles, was er über die Menschen in Erfahrung bringen konnte, zu einem einheitlichen Ganzen zusammengefaßt hat: locker erzählt, mit einem erfrischenden Schuß Zynismus, vergnüglich zu lesen und spannend von der ersten bis zur letzten Seite.

Bei Klett-Cotta lieferbar:

Wohlgeschmack und Widerwillen
Das Rätsel des Nahrungstabus
3. Aufl. 1990. 308 Seiten,
Linson mit Schutzumschlag
ISBN 3-608-93123-6
Breitklappenbroschur
ISBN 3-608-95812-6

Kannibalen und Könige
Wachstumsgrenzen der Hochkulturen
1990. 276 Seiten, Linson mit Schutzumschlag,
ISBN 3-608-93133-3

Fauler Zauber
Unsere Sehnsucht nach der anderen Welt
1993. 274 Seiten, Linson mit Schutzumschlag
ISBN 3-608-93132-5

Klett-Cotta